WIE MANN DEN HAUSHALT FÜHRT

DIE VERLORENE KUNST, EIN KERL ZU SEIN

WIE MANN DEN HAUSHALT FÜHRT

SAM MARTIN

LAPPAN

Titel der Originalausgabe: „How to Keep House“,

Konzept und Herstellung: Elwin Street Limited, 79 St. John Street, London EC1M 4NR
www.elwinstreet.com
Design: Headcase Design
Illustrationen: Paul Blow

Für die deutschsprachige Ausgabe

www.lappan.de
Deutsche Bearbeitung: Gerald Bosch
Fachlektorat: Gordon Barrey
Satz: Claudia Böhme

Printed in Singapore
ISBN 3-8303- 6094-0

INHALT

VORWORT

Tja, es ist wohl leider wahr, Jungs: Die meisten von uns sind Schlunze. Chaoten. Naturferkel. Von der Sportschau hypnotisiert, sauen wir gedankenlos das Sofa mit Bier ein. Auf uns selbst gestellt, türmen sich in der Spüle ratzfatz Pizzaschachteln und schmutzige Teller, und den Gang zur Reinigung machen wir lieber, als die Waschmaschine anzuwerfen. Der Grund für unser Verhalten ist, dass wir die Pilsflecken auf dem Sofa bzw. die Müllhalden in der Küche großzügig übersehen. Im Prinzip ist uns Hausarbeit schnurzegal, solange dadurch weder unsere Gesundheit noch unser Sexualleben beeinträchtigt werden – oder unser verfügbares Einkommen.

Traurigerweise dauert diese Schlampenphase schon ziemlich lange; sie begann in den Sechzigern, als die Männer ihre weiblichen Züge entdeckten und die Frauen aufhörten, die Männer zu bekochen und ihnen hinterherzuwischen. Nun könnte man meinen, dass ein so dramatischer Umbruch viele Jungs dazu gebracht haben müsste, zu lernen, wie man selber kocht oder seinen Haushalt in Schwung hält. Doch leider wurde die Mehrheit der Männer von der Frauenbewegung damals schlicht hängen gelassen! Die Frauen drückten ihnen Ata, Topfschwamm und Bratpfanne in die Hände, und das wars.

Nimmt man mal das Waschverhalten der Siebziger unter die Lupe, fällt ein interessantes Phänomen auf: Damals sah man überall nur eingelaufene, verwaschene oder verfärbte Klamotten. Zeitgleich stellten in den Großstädten die Betreiber von Imbissbuden und Restaurants fest, dass immer mehr Gerichte zum Mitnehmen verlangt wurden, und zwar von Jahr zu Jahr mehr. Ist es ein Zufall, dass in den Achtzigern erst das Pizza-Taxi und später dann der ambulante Thai-Imbiss den Markt eroberten? Wohl kaum. Männer lösten ihre neuen Probleme so, wie sie schon ihre alten Probleme gelöst hatten: Sie zückten die Börse und zahlten.

Heute liegen die Dinge ein wenig anders: Mehr und mehr Männer wollen wieder ganze Kerle sein (seit dem Jahr 2000 ist der Verkauf von elektrischen Bohrmaschinen sprunghaft angestiegen), und Frauen tolerieren Männer nicht länger, die ihren Haushalt nicht wenigstens so gut organisieren können, dass sie im Bedarfsfall ein frischgebügeltes Hemd anzuziehen haben oder dass das Klo nach Aprilfrische duftet. Da nun aber mal viele Jungs seit fast einer Generation keine echte Männerarbeit mehr geleistet haben, kann mancher von ihnen kaum noch zwischen Hammer und Hummer unterscheiden – geschweige denn einen Smoking waschen und bügeln. Und das alles nur, weil die meisten Männer noch nicht gerafft haben, dass ihnen ein gut organisierter und geführter Haushalt viele Freunde, interessante Gespielinnen und u. U. auch ein besseres Gehalt beschert.

Nicht umsonst sind homosexuelle Männer heute so erfolgreich: Sie sehen blendend aus und haben gut bezahlte Jobs. Und zwar, weil sie alles perfekt geplant haben, eine schöne Wohnung besitzen und – na logo – auch Hemden bügeln können. Tatsache ist, dass Schwule ein tolles Liebesleben führen, massenhaft Freunde haben und haufenweise Partys schmeißen, denn sie haben hippes Mobiliar, eine picobello eingerichtete Küche und – das ist der Knüller – ein supersauberes Bad. Also, setzen Sie sich die rosa Brille auf und holen Sie Ihren Haushalt ins 21. Jahrhundert.

Glauben Sie mir, auch Sie können lernen, sich besser zu organisieren, Ihre Bude in Schuss zu bringen, und dabei noch männlich-markant auszusehen. Steht alles hier in diesem Buch. Sie erhalten Tipps füs Ausmisten und optimale Lagern und lernen Grundlegendes zum Thema Reinemachen: Wie putze ich mein Bad, bevor SIE es zum ersten Mal betritt? Nach der Lektüre können Sie eine Stoffhose waschen und bügeln, ohne dass sie dann nur noch Ihrem Teddy passt. Und ganz nebenbei lernen Sie auch ein paar handwerkliche Kniffe und erfahren, welche Geräte Sie dafür brauchen – was ein Mann heute halt so wissen muss.

Vielleicht sind Sie ja einer dieser Burschen, die von ihrem geliebten Chaos nicht lassen können. Wenn Ihnen Ihre Gesundheit, Ihr Liebesleben und Ihr Wohlbefinden wichtig sind, dann ist jetzt trotzdem der ideale Zeitpunkt gekommen, Ihr Ego und Ihr Heim ein wenig aufzupolieren. Das wird Ihnen am Anfang nicht ganz leicht fallen, das streitet niemand ab. Sie werden erst einmal tonnenweise Sachen wegwerfen und unendlich viele Dinge ummodeln müssen. Am Ende aber wird ein ganz neuer Kerl herauskommen. Versprochen!

KAPITEL

1

PLANUNG STATT CHAOS

Selbst der ausgeglichenste Zen-Buddhist läuft erst rot an und dann schier Amok, wenn er mal den Hammer nicht finden kann. Während der anschließenden Suchaktion wird alles nur noch schlimmer: Die Zeit rast davon, Ehefrau und Freundin werden vernachlässigt, Steaks verkohlen auf dem Grill, ja sogar der geliebte Stammtisch fällt ins Wasser. Und dabei hätte der ganze Ärger mit 'nem Fitzelchen Ordnung vermieden werden können ...

MAL RICHTIG AUSMISTEN

Manche Leute behaupten ja, das Ausmisten von Wohnung oder Büro sei die beste Möglichkeit, um auch seinen Kopf frei zu bekommen (was sich als nützlich erweisen dürfte, wenn Sie einige der Bauprojekte aus diesem Buch in Angriff nehmen). Ihr Lebens- oder Arbeitsraum wird übersichtlicher, Ihr Alltag weniger hektisch und Sie meistern künftige Krisen mit links.

Sie benötigen

Arbeitsplan

genug Stauraum für den ganzen Kram

Mülltüten bzw. -beutel

den festen Vorsatz, dass alles einfacher werden soll

UND SO GEHTS

1. Zuerst bekommt jedes Teil im Haushalt einen festen Platz, damit Sie wissen, wo Sie die wachsenden Chaoshaufen unterbringen können. Unterlagen und Rechnungen gehören in sauber beschriftete Ordner, dreckige Wäsche wird in den Wäschekorb gefeuert und Altpapier in die blaue Tonne.
2. Nachdem Sie etwas benutzt haben – egal, ob Buch, Hemd oder Pilsglas –, kommt es wieder an seinen Platz und wird nicht irgendwo geparkt, wo's dann tagelang vor sich hindümpelt.
3. Entwickeln Sie eine „Aufräum-Routine". Einmal am Abend schnell alle Räume abchecken, dabei ein fixer Griff vom Boden ins Regal, und schon halten Sie die Unordnung in Schach.
4. Richten Sie bei der Eingangstür einen festen Platz für Schlüssel, Brieftasche, Sonnenbrille u. Ä. ein – sie verschwinden mysteriöserweise immer dann, wenn man sie braucht.
5. Fangen Sie endlich an, Dinge wegzuschmeißen!

SCHLACHTPLÄNE GEGEN DAS CHAOS

Alles tipptopp aufzuräumen ist eine Sache, die Ordnung anschließend zu bewahren eine ganz andere. Damit ein Mann das drohende Chaos fest im Griff hat, ohne dabei ständig hektisch zu rotieren, braucht er Ziel und Plan.

UND SO GEHTS

1. Trainieren Sie sich eine feste Routine an! Beginnen Sie den Tag damit, das Bett zu machen, und beschließen Sie ihn damit, den Krempel wegzuräumen: So kann das Chaos zwischendrin gar nicht erst entstehen.
2. Falls Ihnen Haushalt, Arbeit, Familie und Freizeit dermaßen über den Kopf gewachsen sind, dass jede Organisation unmöglich erscheint, machen Sie brav eins nach dem anderen. Konzentrieren Sie sich auf einen Raum und machen ihn klar. Dann gehts in den nächsten – und so weiter und so fort.
3. Schreiben Sie To-do-Listen. Diese befreien von Kummer und Sorgen und zeigen Ihnen, wo's langgeht. Außerdem gibt es, wie Ihnen jede Frau gerne bestätigen wird, keine größere Befriedigung, als auf solchen Listen abzuhaken, was endgültig erledigt ist. Jawoll.
4. Leichter gesagt als getan: Stellen Sie nach Gebrauch alles immer sofort wieder dahin zurück, wo Sie's herhaben.
5. Nach dem Essen das Spülen nicht vergessen. Und zwar subito.
6. Seien Sie wachsam. Vieles lässt sich noch besser organisieren. Die eine Schreibtischschublade, in der Stifte, Umschläge, Büroklammern und Hunderte andere Kleinigkeiten lagern, lässt sich durch Einlagen prima aufteilen.
7. Behalten Sie das, was Sie noch brauchen, trennen Sie sich von allem anderen. In wie viele Ausgaben der *AutoBild* schauen Sie wirklich noch mal rein?

HILFSMITTEL GEGEN CHAOS

Im Prinzip bedeutet Selbstorganisation nichts anderes als Telefonnummern wiederzufinden, Geburtstage nicht zu vergessen oder pünktlich zum Meeting einzutrudeln. Damit das alles klappt, sind echte Kerle ohne elektronischen Schnickschnack aufgeschmissen.

PALMTOP, TIMER & CO.

Wer dauernd wichtige Termine verschwitzt oder vergisst, sein Adressbuch zu aktualisieren, dem kann ein Palmtop helfen. Diese Minicomputer sind u. a. als PDAs, Palmtops oder Pocket-PCs auf dem Markt. Damit können Sie zigtausend Adressen und Unmengen von Daten speichern oder schnurlos ins Internet gelangen. Einige dieser Dinger haben sogar GPS oder Handys eingebaut, sodass Sie nie mehr verloren gehen können.

UND SO GEHTS

1. Wenn der Palmtop nur benötigt wird, um flugs einige wichtige Termine, Telefonnummern und To-do-Listen abzuspeichern, ist ein preiswertes Gerät mit 8 Megabyte Festplattenspeicher völlig ausreichend.
2. Achten Sie auf die Ladezeiten der Akkus. Einige müssen häufiger geladen werden als andere. Manche Geräte haben einen auswechselbaren Akku, bei anderen müssen Sie mit den Nachteilen eines fest eingebauten Akkus leben.
3. Ein Schwarz-Weiß-Monitor reicht völlig, falls Sie nicht gerade heiß auf Videospiele sind. Für die benötigen Sie aber eh eine Brille oder Lupe.

COMPUTER

Bevor Sie losgehen und Unsummen für den allerneusten Computer ausgeben, sollten Sie sich klar sein, wofür das Ding eigentlich gebraucht wird. Wenn Sie lediglich Home-Banking betreiben, E-Mail-Aadressen speichern oder ausgefeilte Putzpläne erstellen wollen, genügt ein Rechner mit flottem Internetzugang, einem Buchhaltungsprogramm und Microsoft Word. Ein Palm mit tonnenweise kostenloser Grafiksoftware ist hier völlig deplatziert.

UND SO GEHTS

1. Also, was wollen Sie? Lieber einen Laptop oder einen PC? Laptops sind kleiner und sparen prima Platz ein. PCs hingegen bestechen durch größere Tastaturen und Monitore sowie massenhaft Gratissoftware.
2. Ist die Wahl auf einen Laptop gefallen, kaufen Sie unbedingt eine handelsübliche Maus dazu, denn die eingebauten sind in der Regel Mist.
3. Wer das Internet regelmäßig nutzt, sollte ein paar Euro mehr drauflegen und sich eine High-Speed-Verbindung gönnen. Andernfalls könnte es passieren, dass Sie geschlagene 45 Minuten warten müssen, bis Sie endlich wissen, ob am Wochenende die Sonne scheint und Sie endlich den Rasen mähen können.
4. Geiz mag geil sein, aber nicht beim Kauf eines Bildschirms. Wie so oft im Leben, kann Größe auch bei Laptops und Monitoren entscheidend sein.

TIPP

✓ Selbstorganisation muss nicht zwingend per Chipsteuerung erfolgen: Sie werden staunen, wie toll das mit der guten alten Check-Liste klappt: Aufgaben notieren, erledigen, abhaken. Solche To-do-Listen können Sie prima an eine Tafel (in der Küche oder an einem anderen gut sichtbaren Ort) pinnen. Ideal für Teamarbeiten: Wer eine Sache erledigt hat, hakt sie auf der Liste ab, sodass jeder andere im Arbeits- oder Familienteam sehen kann, was bereits erledigt wurde und was noch getan werden muss.

STAURAUM SCHAFFEN

Beim Thema Selbstorganisation kommt man ohne Stauraum nicht weit. Das bedeutet, dass Sie alle Ihre Räume unter dem Aspekt „potenzielle Lagerfläche" prüfen sollten: Entdecken Sie Platz für zusätzliche Regale und Ständer, Vitrinen und Schubladen, Kisten und Kästen.

WELCHE MÖGLICHKEITEN GIBT ES?

1. Jedes Regal, egal wie groß, ob frei stehend oder eingebaut, ist unentbehrlich. Regale lassen sich überall und in jeder Form und Größe anbringen, in Haus oder Garage, als einzelne Ablage im Bad oder zur Regalwand im Wohnzimmer montiert (s. Seite 84). Nicht alles was praktisch ist, muss auch schön aussehen.

2. Auch Ständer und Haken bieten eine einfache, oft übersehene Möglichkeit, Dinge problemlos zu lagern. Wer Fahrräder oder anderes Sportgerät besitzt, über das er alle naselang stolpert, wird seine wahre Freude an Wandhaken haben: Ruckzuck sind die Geräte aus dem Weg geräumt. In der Küche helfen ein paar Haken, um Töpfe und Pfannen stets in Reichweite zu haben.

3. Die wahrscheinlich beste Möglichkeit, um seinen Kram wegzuräumen, sind Schränke – im Grunde nichts anderes als einfache Kisten mit Türen dran. Meistens kennen wir solche Schränke aus der Küche, sie lassen sich aber überall anbringen – zum Beispiel im Badezimmer, um darin Handtücher zu lagern.

4. Schubladen sind ebenfalls klasse, um Kram zu verstauen, und wenn Sie eh gerade einen Schrank bauen, können Sie den ja gleich mit ein paar Schubladen ausstatten (s. Seite 83): für Töpfe, Pfannen, Altpapier, Bastelkram und Kleidung breit und tief, für Fotos, Nägel, Werkzeuge und Bürobedarf schmal und flach.

5. Zu viel um die Ohren oder zu faul, um so etwas selber zu bauen? Schöne Kisten oder Kästen können Sie überall kaufen – aus Rattan, Holz, Leichtmetall oder Plastik. Sie lassen sich im Kleiderschrank aufeinander stellen, unters Bett schieben oder hochkant übereinander stapeln. Wenn Sie weder Zeit noch Geld für den Eigenbau verplempern wollen, ist das die richtige Option für Sie.

BASICS FÜR DIE KÜCHE

Egal ob Sie sich morgens Butterbrote schmieren oder ein opulentes Festmahl zaubern wollen – Ihre Küche braucht eine vernünftige Grundausstattung. Räumen Sie Ihre Küche picobello auf und schauen Sie nach, welche von den nachstehend aufgeführten Basics fehlen und ergänzt werden sollten.

Grundausstattung

Kasserole, Schmortopf

Große und kleine Kochtöpfe

Große Bratpfanne

Stieltopf

Sieb

Satz Rührschüsseln

Vorratsdosen mit Deckel in verschiedenen Größen

Hackbrett

Satz scharfer Messer

Holzkochlöffel

Schöpfkelle

Pfannenheber

Dosenöffner

Spaghettizange

Toaster

Wasserkessel/-kocher

Kaffeemaschine

Mehrzweckreibe

Geschirrtücher

Alles fürs Festessen

Schüsseln in verschiedenen Größen

Vorlegebesteck

Wasserkrug

Folgende Serviceteile, jeweils 8-teilig:

Cocktailgläser

Wassergläser

Bier- und Weingläser

Steakmesser

Messer, Gabeln,

Suppen-/Esslöffel, Teelöffel

Speiseteller

Frühstücksteller und Eierbecher

Suppenteller oder -tassen

Kompott- oder Dessertschalen

Kaffeetassen mit Untertassen

Teeservice

KLEIDER VERSORGEN

Jeder Wandschrank hat nur eine begrenzte Kapazität, um mit Kram voll gestopft zu werden. Zwei gute Gründe sprechen gegen eine unorganisierte Aufbewahrung: Erstens brauchen Sie Äonen, um eine einzige Socke zu finden, welche dann, zweitens – nachdem Sie sie endlich gefunden haben und sie vorsichtig herausziehen wollen –, unfreiwillig als Reißleine dient und den Rest des Schrankinhalts vor Ihre Füße purzeln lässt. Schluss damit!

Sie benötigen

Kleidersäcke

Holzkleiderbügel

Schubladen und Tablare

Kisten

Krawattenbügel

Schuhregale

UND SO GEHTS

1. Gehen Sie Stück für Stück alle Kleidungsstücke im Schrank durch und schmeißen Sie alles weg, was Sie länger als ein Jahr nicht mehr getragen haben.

2. Ersetzen Sie diese dünnen und leicht zu verbiegenden Drahtbügel durch stabile Holzkleiderbügel (gibts in jedem Accessoires- oder Möbelgeschäft). Entsorgen Sie die Drahtbügel umweltgerecht.

3. Wenn Sie Ihre Klamotten ausgedünnt haben, ist Platz vorhanden, um Fächer oder Regalböden einzubauen – am besten vom Boden ausgehend zur Decke. Alternativ stapeln Sie mehrere Plastik- oder Holzkisten übereinander, in die dann Bügelwäsche und Schuhe hineinwandern.

4. Trennen Sie Winter- und Sommerkleidung und halten Sie griffbereit, was saisonal gerade angesagt ist. Packen Sie die anderen Kleidungsstücke mottensicher in Schränke oder Kisten, die im Keller oder in der Garage stehen.

Fortsetzung auf der nächsten Seite

Fortsetzung

5 Hängen Sie Ihre Kleidung sortiert: Hose neben Hose, Hemd neben Hemd, Anzug neben Anzug. So ist alles stets leicht zu finden. Hilfreich (und witzig) ist übrigens, die Hemden nach Farben oder Muster zu sortieren.

6 Krawatten und Gürtel werden separat aufgehängt. Krawattenhalter innen an der Kleiderschranktür anbringen bzw. an einen Kleiderbügel hängen.

7 Schuhe gehören nicht auf den Boden, sondern in die Kiste (s. linke Seite) bzw. in Schuhregale, die es in unterschiedlichen Ausführungen gibt. Mein Favorit sind Schuhregale, die an die Innenseite der Kleiderschranktür montiert werden.

ORDNUNG IM WÄSCHESCHRANK

Die meisten Männer räumen ihre Wohnung erst dann gründlich auf, wenn eine Frau im Anmarsch ist – sei's für ein romantisches Abendessen oder für immer und ewig. Wenn Sie Bad und Bett mit einer Frau teilen wollen (hallo Jungs, bei der Sache bleiben), sollten Sie das gammelige Handtuch und den Satz Bettwäsche entsorgen, den Sie benutzen, seitdem Sie bei Mutti und Vati ausgezogen sind.

Als Erstes brauchen Sie Handtücher „für oben rum" (eine Frau wird sich ihr Gesicht NIE mit demselben Handtuch abtrocknen, mit dem Sie zuvor Ihre untere Körperpartie frottiert haben), mindestens drei Badetücher, drei Garnituren Bettwäsche, ein paar Decken (Frauen sind Frierbolzen) sowie Tischtuch und Stoffservietten (falls Schwiegermama mal zu Besuch kommt). Und das alles sollten Sie sinnvoll verstauen.

UND SO GEHTS

1. Gleiches zu Gleichem legen; Handtücher immer in Griffweite!
2. Badetücher und Decken können Sie im Schrank etwas weiter hinten lagern – es sei denn, Sie gehen oft ins Fitnessstudio oder leben irgendwo am Nordpol.
3. Betttücher werden weniger häufig gebraucht als Handtücher, sollten aber wiederum griffbereiter sein als Decken und Ersatzkissen.
4. Falten Sie Hand- und Betttücher so flach wie möglich; man kann sie dann besser stapeln und bekommt doppelt so viele im Wäscheschrank untergebracht.
5. Lagern Sie Stoffservietten und Tischtücher zusammen. Falls Sie eine Anrichte oder zusätzliche Küchenschublade haben, sollte man beide sinnigerweise in der Nähe des Geschehens lagern.

ORDNUNG IM BADE-ZIMMERSCHRÄNKCHEN

Statten Sie Ihr Badezimmer mit einem Vorrat an Erste-Hilfe-Artikeln für kleinere Notfälle wie Kopfschmerzen, Muskelkater und Sodbrennen aus. Auch eine Grundausstattung an Toilettenartikeln darf nicht fehlen, damit Sie a) stets sauber und gepflegt sind und b) den Eindruck vermitteln, stets sauber und gepflegt zu sein. Letzteres ist wichtig, wenn eine Dame bei Ihnen übernachtet. Punkten Sie, indem Sie am Morgen danach eine frische Zahnbürste hervorzaubern, mit der sie sich den Atem auffrischen kann.

Sie benötigen

Sodbrenntabletten (u. U. Küchennatron)

Nasen- und Ohrhaarentferner

Thermometer

Aspirin oder ASS

Lippenpflegestift

Vaseline

Zahnseide

Wundgel

Pflaster

Nagelschere

Pinzette

Nagelfeile

Wasserstoffperoxid

Augentropfen

Watteböllchen

Wattestäbchen

Reserve-Zahnbürste

Deodorant

Kamm und/oder Bürste

Haarspray, -gel und/oder -festiger

Seife

Ersatzrasierer

Ersatzrasiercreme

Ersatzzahnpasta

Wundbenzin

DIE HAUSAPOTHEKE

Um Ordnung in sein Leben zu bekommen, muss man gelegentlich Regale zimmern oder eine kaputte Glasscheibe auswechseln. Ein aufgeräumter Erste-Hilfe-Kasten ist für solche und andere Fälle zwingend angesagt.

Der Erste-Hilfe-Kasten sollte gut erreichbar sein, z. B. im Flur oder in der Küche. Wenn Sie viel in der Garage herumfrickeln, ist es nicht abwegig, dort ebenfalls Pflaster, Wundbenzin und Ähnliches zu bunkern. Wie Ihre Frau oder Freundin schon treffend angemerkt hat, geben Sie keine gute Figur ab, wenn Sie völlig verdreckt – oder gar blutverschmiert – durchs Haus tapern.

Sie benötigen

- **Erste-Hilfe-Anleitung**
- **Pflaster**
- **Mullbinden**
- **Dreieckstuch**
- **Elastische Binden**
- **Sportbinden oder Gipsbinden**
- **Blasenpflaster**
- **Kalte Kompresse**
- **Aspirin**
- **Wundcreme**
- **Rasierklinge**

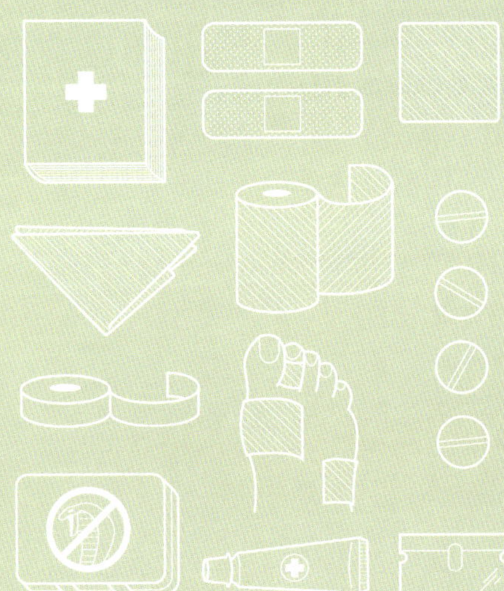

SICHERHEITSHINWEISE

Wer Sachen vom Fußboden aufliest und seinen Haushalt aufräumt, kommt nicht umhin, sich unter vielen sperrangelweit geöffneten Schrank- und Vitrinentüren bücken zu müssen. Achten Sie auf all die offenen Türen und versuchen Sie, sich nicht den Kopf zu stoßen: Nichts bremst Sie in Ihrem organisatorischen Eifer so schnell wie eine satte Beule am Hinterkopf. Bei Arbeiten mit Holz sollten Sie immer eine Schutzbrille tragen – egal, ob Sie dabei mit der Stichsäge oder nur mit einem Stück Schmirgelpapier hantieren: Nichts geht leichter ins Auge als einer dieser kleinen fiesen Holzsplitter. Wer dezibelstarke Elektrogeräte oder Staubsauger verwendet, sollte Ohrenschützer aufsetzen.

Schwere Kartons, Kisten oder Möbelstücke nehmen Sie bitte nicht auf die leichte Schulter. Der kluge Mann geht in die Knie und holt die Kraft mit geradem Oberkörper aus den Beinen, nicht aus dem Rücken. Nur so vermeiden Sie höllische Schmerzen und das Risiko, zwei Wochen lang flachzuliegen.

DIE GARAGE ENTRÜMPELN

Für einen Mann gibt es nichts Schlimmeres, als seine Garage entrümpeln zu müssen. Denn dort türmt sich all der Kram, der sich im Laufe der Jahre angesammelt hat – alte Heimwerkerbroschüren, nie vollendete Laubsägearbeiten, ausgetretene Fußballschuhe und kaputte Rasenmäher. Manche Garagen sind so voll gestopft, dass nicht mal mehr ein Auto hineinpasst. Wenn das Gesagte wie eine Kurzbeschreibung Ihrer Garage klingt, sollten Sie in die Hände spucken und loslegen – Sie wissen, dass ich Recht habe.

Sie benötigen

einen Plan

Plastiksäcke oder Mülltüten

Termin vom nächsten Flohmarkt

Regale, Schränke, Haken und Bügel

Besen

Schrubber

Drahtbürste

zwei Brückentage, um hingebungsvoll aufzuräumen

UND SO GEHTS

1 Der erste Schritt aus der Klemme besteht darin, erst mal die Lage zu checken. Teilen Sie die Garage gedanklich in vier oder fünf kleinere Bereiche auf; arbeiten Sie einen nach dem anderen durch.

2 Schaffen Sie drei Stapel: „ Flohmarkt!-Potenzial", „Ab in die Mülltonne!", „Wird behalten!".

3 Gehen Sie samstags frühmorgens auf den Trödelmarkt. Damit es Ihnen zwischen all dem Tand nicht langweilig wird, laden Sie ein paar Freunde ein, die schon immer ihren eigenen Trödel verkaufen wollten – außerdem wird so die Standgebühr billiger (diese wird in der Regel meterweise nach Standlänge erhoben und kostet oft nur drei bis fünf Euro.)

4 Sortieren Sie den unverkäuflichen Krempel (und davon wird Ihnen mehr als genug bleiben), nach Recycling, Caritas und Müll.

Fortsetzung auf der nächsten Seite

Fortsetzung

5 Alles, was Sie in der Garage behalten wollen, wird nun nach Verwendungszweck verstaut – also alle Gartengeräte an einem Ort, Sportzeug an einem anderen usw. Eventuell brauchen Sie zusätzliche Regale, Schränke und Schubladen, damit der Boden frei wird und alles ordentlich weggeräumt werden kann (s. a. STAURAUM SCHAFFEN, S. 14). Werkzeug lässt sich z. B. platzsparend an einem Brett über der Werkbank aufhängen. Sportsachen werden in Netztaschen gepackt und an einem Haken aufgehängt oder in einem Metallspind gebunkert.

6 Wenn das ganze Gerümpel weggeworfen, weggeräumt oder gar verkauft worden ist, geht es dem Staub und den Spinnweben an den Kragen. Schrubben Sie den Boden ordentlich mit der Drahtbürste, um alte Ölflecken zu beseitigen.

GEBOTE UND VERBOTE

✓ Zeitungen, angebrochene Farben, Zementreste und nutzlosen Krimskrams sollten Sie ausnahmslos wegwerfen.

✗ Regale, Schränke und Kästen keinesfalls so anbringen oder aufstellen, dass das Auto nicht mehr reinpasst oder sich die Autotüren nicht mehr öffnen lassen.

✗ Bloß keine Sentimentalitäten beim Wegwerfen! Wenn der holzstichige alte Stuhl, den Sie schon immer mal restaurieren wollten, länger als drei Jahre in der Garage steht, dann fort mit dem Ding!

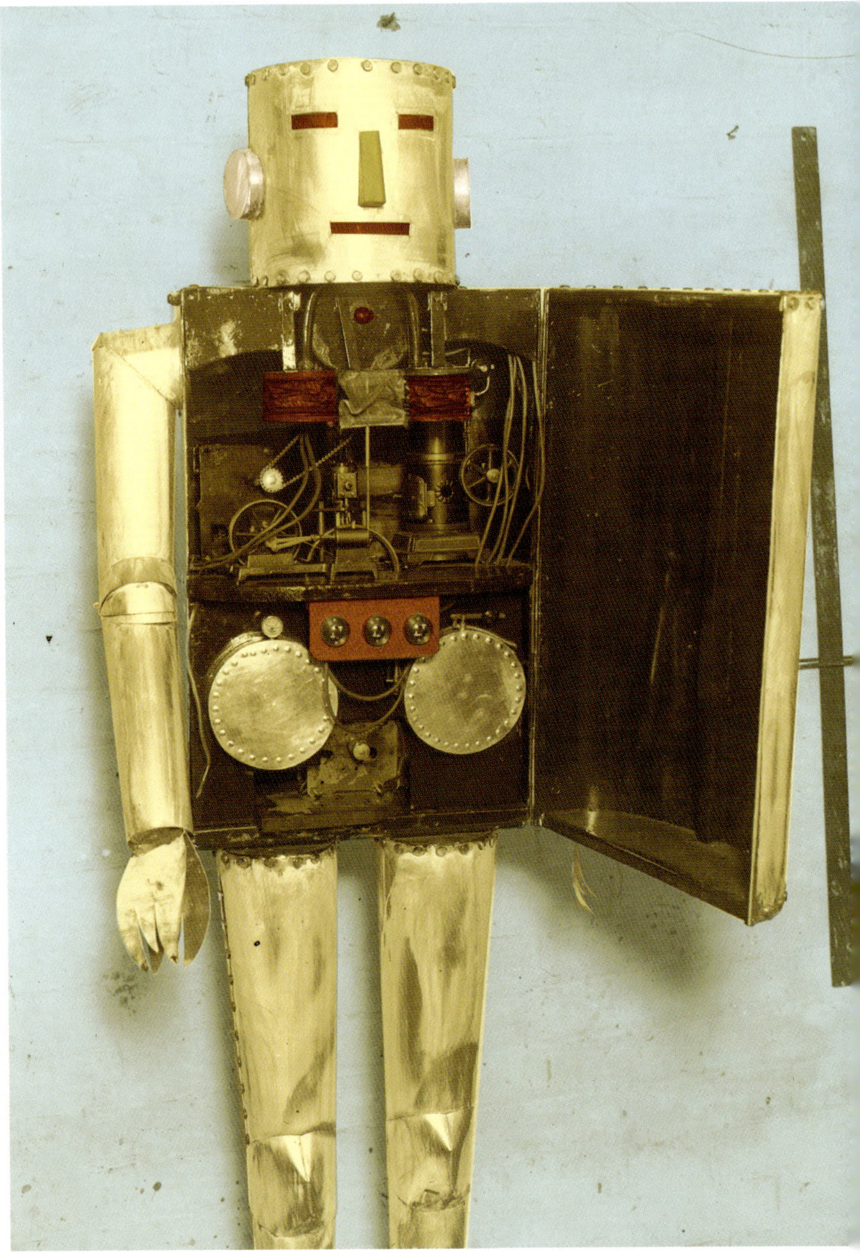

KAPITEL

2

HAUSHALTS-GERÄTE

WARTUNG UND PFLEGE

Jedes Gerät ist toll, solange es läuft wie geschmiert – doch wie oft verflucht man so ein blödes Ding, weil's bockt? Eben! Beim Reparieren kann man zwar prima den neuen Akkudreher ausprobieren, meist endet aber alles in schweißtreibender Arbeit. Egal, ein echter Kerl gewinnt leicht neue Freunde (und vielleicht sogar einen neuen Job), wenn er nach der Party die schlapp gewordene Spülmaschine wieder ans Laufen kriegt – ja sogar, wenn er bloß die coole Diagnose abgibt, dass sie für immer hinüber sei: Frauen stehen auf Männer mit Durchblick.

HAUSHALTGERÄTE – ROUTINE UND PANNEN

Wer sein Steak nicht aus Prinzip überm offenen Feuer brutzelt, seine Unterwäsche von Hand wäscht und das Bier in frischem Quellwasser kühlt, braucht das eine oder andere E-Gerät. Und natürlich möchten Sie – wie jeder anständige Kerl, der etwas auf sich hält – wissen, welche Tücken auf Sie lauern, wenn Sie sich mal eine Mikrowelle, einen Trockner oder einen Staubsauger zur Brust nehmen.

Haushaltgeräte laufen, weil Kräfte wie Mechanik und Kraftstoffe wie Strom, Gas und Benzin zusammenarbeiten. Bevor Sie also die Waschmaschine komplett auseinander schrauben, ist es ganz gut, ein wenig über Strom im Haushalt zu wissen. Das Zaubermittel hier heißt Spannungsprüfer! Dieser kleine Pinnoreck verrät Ihnen preisgünstig, ob etwa ein Toaster unter Strom steht oder nicht. Das erspart nicht nur Zeit, sondern auch Ärger und schmerzhafte Erfahrungen – etwa beim Austausch eines kaputten Netzkabels.

Um ein defektes E-Gerät zu reparieren, brauchen Sie keinen Doktor in Raumphysik gemacht zu haben, doch empfielt es sich immer, erst mal den Stecker zu ziehen und die Gebrauchsanleitung zu konsultieren! An und für sich sind wir Kerle ja recht findig, manchmal ist das Findigste aber, einen Profi ranzulassen, der sich mit dem Schnickschnack auskennt.

DIE ELEKTRIZITÄT IM HAUS

Prinzipiell gelangt unser Strom (mit 220 Volt Spannung) durch zwei bzw. drei Hauptleitungen ins Haus und vor dort zu einem Hauptsicherungskasten, der sich meist im Keller befindet. Von hier aus zweigen die einzelnen Stromleitungen ab, zum einen die Starkstromleitungen (für E-Herde, Warmwasserboiler und Waschmaschine), zum anderen die Leitungen für Lichtstromkreise, mit denen Steckdosen und Lichtschalter versorgt werden. Jeder dieser Stromkreise, die wiederum einzelne Zimmer oder auch nur Raumabschnitte versorgen, geht durch einen Verteiler- oder Sicherungskasten im Haus und wird durch eine eigene Sicherung gegen Überlastung geschützt.

E-Geräte verabschieden sich, wenn einer der Stromkreise überlastet ist – etwa, wenn zu viele Geräte an ihm angeschlossen sind oder wenn irgendwo im Gerät, in der Verkabelung oder im Anschlusskabel ein Kurzschluss entsteht. (Kann ganz schön heikel werden, man erkennt so was aber gut an einem verschmurgelten oder gebrochenen Kabel.)

Falls der Stromkreis überlastet ist, kappen die Sicherung oder der Sicherungsschalter im Stromkasten den Strom sofort – die Sicherung fliegt raus. Den Sicherungsschalter wieder umlegen kann nun wirklich jedes Kind; eine durchgebrannte Sicherung dagegen, wie es sie noch in manchem Altbau gibt, muss ausgetauscht werden. Wenn sie wieder drinsitzt, sollten Sie zusehen, dass der Stromkreis nicht wieder überlastet wird.

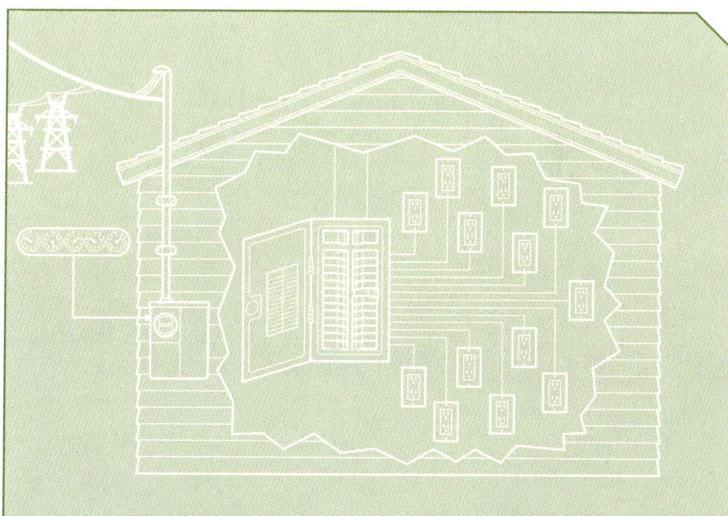

DIE SPÜLMASCHINE

Auch wenn Mutti Ihnen eingebläut hat, Gläser und Geschirr müssten stets blitzblank sein, brauchen Sie nicht in die spültechnische Steinzeit zurückzufallen, wenn die Gläser mal blind aus der Maschine kommen. Vielleicht funktioniert der Zeitregler nicht richtig, oder die Klappe des Spülmittelbehälters öffnet sich nicht; denkbar sind auch ein kaputtes Ventil oder eine verstopfte Zuleitung, sodass nicht genug Wasser einfließen kann.

Sie benötigen

Bedienungsanleitung

Schraubendreher

neuen Programmschalter bzw. Schalteinheit

neues Einlassventil

UND SO GEHTS

1. Wenn der Spülmittelbehälter sich nicht öffnet, ist er logischerweise noch zu, wenn der Spülgang fertig ist. In diesem Fall ist die Zeitschalteinrichtung defekt und muss ersetzt werden.
2. Zuerst den Stecker rausziehen oder die entsprechende Sicherung ausschalten.
3. Die Zeitschalteinrichtung befindet sich hinter dem Zeitregler an der Bedienleiste der Spülmaschine. Halten Sie sich an die Bedienungsanleitung und entfernen Sie Schalter und Einstellskala.
4. Dann kommen die Schrauben ab, mit denen die Bedienleiste an der Maschine gehalten wird, anschließend die gesamte Einheit.
5. Die Zeitschalteinrichtung ist in der Regel an der Maschine angeschraubt und mit ein paar Drähten verkabelt. Nun wird der Zeitschalter abgeschraubt, dann werden die Drähte entfernt (siehe Abb. A).

Fortsetzung auf der nächsten Seite

Fortsetzung

6 Ersetzen Sie den alten Zeitschalter durch einen neuen, indem Sie umgekehrt wie oben beschrieben vorgehen.

7 Wenn der Spülmittelbehälter zwar seinen Dienst tut, das Geschirr aber immer noch nicht sauber wird, nachprüfen, ob genügend Wasser in die Maschine gelangt. Falls nicht, suchen Sie mithilfe der Bedienungsanleitung nach dem Einlassventil.

8 Wenn das Ventil angebrochen ist bzw. rostige Stellen oder Kalkflecken aufweist, muss es ersetzt werden.

9 Ziehen Sie den Stecker raus (oder schalten Sie die entsprechende Sicherung aus), danach drehen Sie das Wasser ab.

10 Entfernen Sie erst den Schlauch und die Schlauchklemme, die am Ventil befestigt sind, dann die Schrauben, die das Ventil an der Maschine befestigen.

11 Prüfen Sie nun den Schlauch auf Korrosion oder Verstopfungen. Klopfen Sie mit dem Schraubenzieher auf den Schlauch; alles raus, was keine Miete zahlt und sich innen festgesetzt hat. Dann halten Sie den Schlauch in einen Eimer, drehen das Wasser wieder auf und spülen den Schlauch ordentlich durch.

12 Stellen Sie das Wasser wieder ab und ersetzen Sie das alte Ventil durch ein neues.

Abb. A

Abb. B

DIE REPARATUR EINER WASCHMASCHINE …

Die Waschmaschine darf nicht sterben. Unter allen Haushaltgeräten ist uns die gute alte Trommel besonders ans Herz gewachsen. Wer will schon jede Woche zum Waschsalon latschen? Zum Glück sieht es bei diesen Geräten punkto Reparaturen auch gar nicht so schlecht aus.

Sie benötigen

kleinen Eimer

Schraubendreher

Bedienungs-anleitung

UND SO GEHTS

1. Falls das Wasser nicht aus der Maschine abläuft überprüfen Sie, ob der Abwasserschlauch verknickt, verdreht oder verstopft ist.
2. Mit dem kleinen Eimer so viel Wasser wie möglich in Badewanne oder Waschbecken abschöpfen.
3. Lösen Sie den Schlauch mit dem Schraubenzieher von der Maschine. Sorgen Sie dafür, dass das auslaufende Wasser aufgefangen wird. Entfernen Sie den Müll, der den Schlauch verstopft.
4. Wenns nicht am Schlauch liegt, blockiert etwas anderes die Pumpe. In diesem Fall müssen Sie mithilfe der Bedienungsanleitung die Pumpe finden.
5. Gelangt kein Wasser in die Maschine, schauen Sie nach allem, was den Zuleitungsschlauch verstopfen könnte. Notfalls müssen Sie alle Schläuche entfernen, bis Sie an die Siebfilter im Ventil an der inneren Rückseite der Maschine gelangen.
6. Die konisch geformten Siebfilter nicht entfernen, aber von Schmutz und Ablagerungen reinigen.

... ODER DES TUMBLERS

Wenn sich Ihr Wäschetrockner laut quietschend durchs Zimmer trollt, wirds höchste Zeit, die alte Maschine gegen einen neuen, tollen Trockner auszutauschen, der Ihre Kleidung faltenfrei auswirft. Aber vielleicht ist auch nur der Keilriemen hinüber, der sich wiederum leicht reparieren lässt.

Sie benötigen

Bedienungsanleitung

Schraubendreher

neuen Keilriemen

UND SO GEHTS

1. Zunächst den Stecker ziehen.
2. Dann die Schrauben, die den Deckel festhalten, lösen und den Deckel abnehmen. Genauso machen Sie das mit Vorder- und Bodenseite (falls Letztere überhaupt da ist).
3. Nun sollte die Trommel sichtbar sein: Der Riemen läuft um die Trommel herum und ist mit einem Motor am Boden des Trockners verbunden.
4. Den gerissenen oder ausgeleierten Riemen abnehmen. Achtung: Merken Sie sich, wie und wo der Ömmes befestigt war!
5. Spannen Sie nun den neuen Riemen (mit den Nuten nach unten) um den Zylinder und justieren Sie ihn.
6. Jetzt werden Vorder- und Bodenseite sowie Deckel wieder angeschraubt.

HINWEIS

✓ Häufig gibts für große Probleme einfache Lösungen. Bringt der Trockner nicht das, was man von ihm verlangt, wird er vielleicht nicht richtig belüftet. Schauen Sie nach, ob das Flusensieb proppenvoll, der Ventilator verstopft oder der Abluftschlauch verknickt ist.

DEN GASHERD REINIGEN

Wenn Sie vorhaben, zu Hause ein romantisches Dinner für zwei zuzubereiten, sollten die Herdplatten sauber sein und alle Gasdüsen funktionieren. Bei einem Gasherd können Schmutz und Ruß schon mal die Gas- und Luftzufuhr blockieren, der Ofen ist dann ruckzuck aus.

Sie benötigen

Büroklammer

warmes Seifenwasser bzw. Lauge

Nagelbürste oder Stahlwolle

UND SO GEHTS

1. Um einen Brennring zu reparieren, der keine munteren Flammen mehr abgibt, müssen Sie das Plattengestell anheben: So kommen Sie an die Gas- und Zünddüsen. Die Gasdüsen versorgen die Brennkappen mit Luft und Gas, die Zünddüsen entzünden per Zündflamme bzw. elektrischem Funken das entstandene Gas-Luft-Gemisch. Der Zünder (auch „Pilotflamme" genannt) sitzt zwischen den Brennkappen am Ende der kurzen, geraden Gasdüsen.

2. Biegen Sie eine Büroklammer so auseinander, dass ein gerader Draht entsteht. Pulen Sie damit den schwarzen Siff aus den kleinen Löchern, die Sie im Rand der Brennkappe sehen.

3. Wenn sich auch nach dieser Aktion nichts tut, müssen Sie Kappe und Gasdüse von der Kochstelle abnehmen. Dazu wird der Brenner aus der Halterung gelöst und der Gasschlauch aus dem Ventil gezogen (der sitzt hinter dem Knopf an der Bedienungskonsole des Herdes). Dies sollte ohne Schraubenzieher möglich sein.

Fortsetzung auf der nächsten Seite

Fortsetzung

4. Brenner und Gasdüse in heiße Seifenlauge legen, einweichen lassen und dann – schrubb, schrubb – mit Nagelbürste oder Stahlwolle säubern.
5. Mit der Büroklammer können Sie die Flammöffnungen oben am Brennkappenrand frei pokeln. Mühsam, aber effektiv!
6. Wenn Brenner und Düse vollständig trocken sind, können Sie die Dinger wieder einbauen.

GEBOTE UND VERBOTE

- ✓ Bei jedem Hantieren mit Gas immer gut lüften!
- ✗ Beim kleinsten Gasgeruch Finger weg von Lichtschalter (Funkengefahr!) und Feuerzeug!

ÄRGER MIT DER MIKROWELLE

Der Ventilator surrt, das Licht leuchtet warm, doch Ihr TK-Leibgericht auf dem munter kreisenden Teller bleibt kalt – was tun? Ist vielleicht der Trafo (Abkürzung für Transformator), ohne den es keine Mikrowellen gibt, hinüber? Achtung: Vorm Aufschrauben des Kastens unbedingt den Stecker ziehen – und im Zweifelsfall 'nen Fachmann rufen!

Sie benötigen

Bedienungsanleitung

Stromprüfer (oder isolierten Schraubenzieher)

neuen Trafo

UND SO GEHTS

1. WICHTIG: den Stecker ziehen!
2. Suchen Sie das Magnetron – meist sitzt es hinter der Seitenwand neben der Konsole mit den Schaltern.
3. Den Oschek entladen, indem Sie mit dem Stromprüfer gleichzeitig beide Pole des Kondensators berühren. Es ertönt ein leises „Plopp".
4. Alle mit dem Trafo verbundenen Kabel (meistens zwei Zuleitungs- und zwei Ausgangskabel) entfernen. Merken Sie sich, wo welches Kabel gesteckt hat!
5. Entfernen Sie den Trafo, indem Sie die Sockelschrauben abmontieren.
6. Setzen Sie den neuen Trafo ein und verkabeln Sie ihn geanuso, wie Sie das bei seinem Vorgänger gesehen haben.

GEBOTE UND VERBOTE

✓ Falls Ihr Magnetron drei Pole hat, müssen zum Entladen natürlich alle drei gleichzeitig berührt werden.

DAS GEFRIERFACH ABTAUEN

Im Lauf der Jahre ist Ihr Gefrierfach innen so stark zugefroren, dass Sie an die hintersten Kühlgutlagen nur mit dem Eispickel herankommen. Hier erfahren Sie, wie Sie diese hausgemachte Eiszeit ratzfatz beenden und den Kühlschrank erst noch sauber kriegen.

Sie benötigen

Kühltasche oder -box

Edelstahltopf, der ins Gefrierfach passt

Wasserkessel

kochendes Wasser

Handtücher, Feudel/Scheuertuch

Schwamm, Spüli

ungefähr 7 Stunden Zeit

UND SO GEHTS

1. Alle Nahrungmittel aus dem Gefrierfach in die Kühlbox packen, Kühlthermostat ausschalten.
2. Kochend heißes Wasser in den Edelstahltopf füllen. Den vollen Topf ins leere Gefrierfach stellen.
3. Hand-/Scheuertuch vor den offenen Kühlschrank legen, damit das Tauwasser nicht die Küche flutet.
4. Immer wieder kochendes Wasser in den Stahltopf nachgießen. Nach etwa drei Stunden lassen sich die ersten Gletscherstückchen von den Seiten des Gefrierfachs lösen.
5. Wenn alles Eis weg ist, rücken Sie dem Gefrierfach mit Schwamm und Spülwasser zu Leibe.
6. Thermostat einschalten und Tür schließen. Nach zwei Stunden ist es wieder betriebsbereit.

GEBOTE UND VERBOTE

✗ Zum Lösen des Eises keine Messer, Eispickel oder andere scharfen Sachen benutzen, sonst geht die Wand des Kühlfachs kaputt und Kühlflüssigkeit tritt aus.

DER STAUBSAUGER

Wenn Ihre Nase plötzlich einen überhitzten Motor, verbranntes Haar und verschmortes Plastik wittert, wirds Zeit, sich den Staubsauger vorzuknöpfen. Häufig braucht bloß der Keilriemen ausgetauscht zu werden, was kinderleicht ist. Je eher Sie sich zu diesem Akt durchringen, desto weniger Schaden nimmt der Motor. Falls der Sauger gar nicht erst anspringt, sollten Sie den Stecker prüfen – vielleicht ist eine Sicherung durchgebrannt? Hier ein paar Tricks, wenn das Gerät nicht mehr schlucken will.

UND SO GEHTS

1. Was, er saugt nicht mehr richtig? Ein paar kleine Handgriffe genügen, damit er wieder fluppt. Ausgefranste Kabel können nun mal keinen Strom leiten; also Enden aufspleißen und neu zusammenzwirbeln, danach mit rauen Mengen Isolierband umwickeln!
2. Schauen Sie nach, ob der Schlauch Löcher hat. Wenn ja, greifen Sie zum Isolierband und überkleben Sie alles schön, bis keine Fluse mehr durchgeht.
3. Überfüllte Beutel und verstopfte Filter lieben Ab-, pardon, Auswechslung. Ansonsten kann der Saugmechanismus einer Maschine schon mal außer Gefecht gesetzt werden.
4. Kontrollieren Sie, ob sich das runde drehende Bürstending unterm Staubsauger auch wirklich und wahrhaftig dreht. Andernfalls ist evtl. der daran befestigte Keilriemen gerissen, oder es haben sich Haare, Schnüre und anderer Kram um den Bürstenteller gewickelt und ihn lahm gelegt. Da kann ein Motor schon mal rot sehen und locker durchbrennen.
5. Einige Staubsaugermodelle mit Bürstenteller müssen in einer bestimmten Höhe über den Teppich laufen; wenn die Bürsten zu dicht über den Boden schubbern, verweigert das Gerät den Dienst.
6. Ach ja, und der Saugschlauch sollte natürlich auch nicht verstopft sein.

DAS BÜGELEISEN REINIGEN

Sauber halten ist die beste Methode, um seinen Haushaltgeräten ein langes Leben zu bescheren. Das gilt auch für Ihr gutes altes Dampfbügeleisen. Wenn das Bügeleisen streikt bzw. zu viel Dampf ablässt, gibts meist nur eins: Sie geben den Apparillo einem Profi, der es gekonnt aufschraubt, um dann das Heizelement zu erneuern oder den Thermostat neu einzustellen.

Sie benötigen

klaren Essig bzw. Essigessenz

Grill- oder Ofenrost

Zahnstocher

feine Stahlwolle

UND SO GEHTS

1. Wenn das Bügeleisen beim Heizen zu viel Dampf ausspuckt, können die Düsen durch Schmutz oder Kalkablagerungen verstopft sein.
2. Zur Beseitigung des Problems ersetzen Sie das Wasser aus dem Bügeleisen durch Essigessenz.
3. Stellen Sie das Bügeleisen auf die höchste Stufe und setzen sie es mit der Bügelfläche nach unten auf den Backofenrost, damit es ungehindert Dampf ablassen kann.
4. Wenn der Dampf raus ist, pulen Sie den letzten Dreck mit dem Zahnstocher aus den Düsen.
5. Flecken auf der Unterseite des Eisens rücken Sie – erst wenn das Bügeleisen aus ist und sich abgekühlt hat! – mit feiner Stahlwolle, in Essigessenz getaucht, auf den Leib.

GEBOTE UND VERBOTE

✗ Da der Kalkgehalt von normalem Leitungswasser von Ort zu Ort schwankt, können die Düsen nach ein paarmal Bügeln bereits total verstopft sein. Das muss nicht sein – nehmen Sie doch lieber gleich destilliertes Wasser!

TEA
COFFEE
SUGAR

KAPITEL

3

DAS GROSSREINE-MACHEN

Für uns Männer ein fürwahr grausames Faktum: Keine Frau wird je ihren Fuß in einen absoluten Saustall setzen. Tut sie's versehentlich doch, kann man(n) sicher sein, dass es das erste und letzte Mal war. Da helfen auch keine hochheiligen Schwüre, das Bad vor dem nächsten Besuch blitzblank zu putzen. Trauriges Fazit, Kameraden: Entweder die Bude endlich auf Vordermann bringen oder die besten Jahre mutterseelenallein in siffigem Chaos durchstehen.

SCHMUTZ – UND WIE MAN IHN WIEDER LOSWIRD

Guter Hausputz schreit förmlich nach zünftigen Reinigungsmitteln. Die Wahl des richtigen Mittels hängt natürlich davon ab, wofür Sie es benutzen wollen. Dreck und Fettflecken sind unterschiedlich sauer – d. h., sie enthalten mal mehr, mal weniger Säure und haben entsprechend einen hohen pH- (= sauer) oder einen niedrigen pH-Wert (= basisch oder alkalisch). Dasselbe gilt – kaum verwunderlich – auch für Reiniger. Clevere Kerle wissen nun, dass man stark säurehaltige Flecken nur mit gleich starken basischen Mitteln entfernen kann. Chemisch läuft hier eine so genannte Neutralisierung des hohen durch den niedrigen Säuregehalt ab: Essig und Zitronensaft lösen Fett und Kalk, Natronlauge und Chlorbleiche killen Rotwein und Tinte. Mit einem Allzweckreiniger, den es in der Drogerie zu kaufen gibt, bekommen Sie übrigens auch vieles weg – nur ganz hartnäckige Flecken bleiben.

- ☑ **Zur Reinigung von** Waschbecken, Toiletten, Badewanne, Dusche
  benötigen Sie Allzweckreiniger, Natronlauge oder andere Desinfektionsmittel
- ☑ **Zur Reinigung von** Küchen- und Badezimmerkacheln mit Fugen
  benötigen Sie Bleich- bzw. Desinfektionsmittel, Scheuermilch
- ☑ **Zur Reinigung von** Küchengeräten
  benötigen Sie Spülmittel, besser noch Allzweckreiniger
- ☑ **Zur Reinigung von** Fenstern und Glastüren
  benötigen Sie Glasreiniger auf Ammoniakbasis
- ☑ **Zur Reinigung von** Keramikfliesen
  benötigen Sie Scheuermilch
- ☑ **Zur Reinigung von** Harthölzern
  benötigen Sie einfach nur Wasser

PUTZGERÄTE

Obwohl neue Besen mit Multiwischfunktion einen echten Kerl nicht in dieselbe Verzückung stürzen wie der Kauf eines Schwingschleifers, wird kein Mann abstreiten, dass auch die härteste Aufgabe durch richtiges Werkzeug zum Kinderspiel wird – und sei's nur das Schrubben der Badewanne.

Sie benötigen

Besen mit Nylonborsten und langem Stiel

Mopp mit Textilstreifen

Wischmopp

Staubsauger

Eimer

Fugenbürste

Schrubber

mehrere Schwämme mit und ohne Scheuerfläche

Wischlappen

Papierhandtücher

Gummihandschuhe

Kehrschaufel und Handfeger

Gummiwischer bzw. -abzieher

Staubtuch

UND SO GEHTS

1. Staubsauger, Besen, Mopp, Schrubber, Handfeger, Kehrblech und Ähnliches verstauen Sie am besten in einem mit einem Regal und ein paar Haken ausgestatteten Putzschrank.

2. Halten Sie stets zwei Eimer bereit – einer fürs Putzwasser, der andere zum Nachspülen. Wenn beide dienstfrei haben, dienen sie ineinander gestapelt als Stauraum für Lappen, Gummihandschuhe, Toilettenpapier und anderen Kram.

DER PUTZPLAN

Um die Putzorgie effektiver zu machen und zu vermeiden, dass Ihnen schmutzige Klamotten, Siff und Dreck über den Kopf wachsen, benötigen Sie einen Plan. Mit dem richtigen Putzplan brauchen Sie gerade mal zwei, drei Stunden pro Woche, um alles auf Vordermann zu bringen.

UND SO GEHTS

1. Zunächst werden die Saubermach-Jobs vier Sparten zugeteilt: a) Alles, was man tagsüber erledigen kann, b) Dinge, die abends aufgeräumt werden können, c) Aufgaben für einmal in der Woche und d) monatliche bzw. vierteljährliche Pflichten.
2. Prima tagsüber können Sie beispielsweise den Abwasch nach jeder Mahlzeit erledigen, den Herd putzen, alles nach Gebrauch sofort wegräumen und natürlich nach dem Aufstehen gleich das Bettchen machen.
3. Am Abend kann man dann ruckzuck den ganzen Kram aufräumen, der sich tagsüber über die Wohnung verteilt hat. Oder die Arbeitsplatte in der Küche wienern und alle umherstehenden Gläser, Tassen und Teller einsammeln.
4. Einmal in der Woche treten Sie sich in den Hintern und wischen feucht durch, saugen Staub und polieren das Bad.
5. Zu den Ein- bis Zwei-Monats-Plagen gehört es, den Backofen zu reinigen, die Kacheln im Bad zu schrubben, Garage und Kleiderschrank aufzuräumen und natürlich die Fenster zu putzen. Durchblick ist alles!

TIPP

✓ Damit der Wochenputzplan in Fleisch und Blut übergeht, hilft ein alter Hausmannstrick: Neben der normalen Putzroutine – also Aufräumen, Wischen und Wegstellen – widmen Sie sich mit Verve einer zusätzlichen Sonderaufgabe, etwa dem Chaos auf Ihrem Schreibtisch. Auf diese Weise schaffen Sie in einer Woche so viel wie sonst in einem Monat!

ALLES DER REIHE NACH

Halt! Bevor Sie wie Meister Proper durchs Haus fegen und alles wegräumen, was nicht bei drei auf den Bäumen ist, überlegen Sie sich die Reihenfolge. Sonst machen Sie schmutzig, was Sie gerade gereinigt haben!

UND SO GEHTS

1. Zuerst machen Sie Ihr Bett – und zwar gleich nach dem Aufstehen (s. Seite 46). Dann ist wenigstens das schon mal erledigt.
2. Wenn der wöchentliche Putztag dran ist, schmeißen Sie als Nächstes die Waschmaschine an. Immerhin arbeiten Sie dann schon mal zu zweit!
3. Dann Lieblings-CD einlegen – bei Madonna und Vivaldi bohnern Sie doppelt so fix!
4. Was liegt denn da schon wieder all für ein Zeug auf dem Boden? Sammeln Sie den ganzen Krempel auf und lassen Sie ihn dort verschwinden, wo er hingehört.
5. Nun heißt es: „Staubwedel marsch!" Schrankflächen, Fensterbänke, Bilderrahmen und Sessel kriegen erst mal 'ne Grundreinigung verpasst. Dass Staub und Wollmäuse auf den Boden rieseln, gehört dazu – der Dreck kommt später dran.
6. Nächster Arbeitsgang: eine Runde Wischen und Saugen. Küchen- und Badezimmerboden habens besonders nötig. Wenn Arbeitsplatte und Spüle bzw. Klo und Dusche geschrubbt sind, werden die letzten Spritzer Putzwasser weggewischt. Voilà.
7. Jetzt gehts ans Innere der Kloschüssel, danach kommen Badewanne, Duschtasse und Spülbecken an die Reihe. Gebrauchte Wischtücher können Sie auf diese Weise prima ausspülen, ohne gleich wieder alles dreckig zu machen.
8. Dann knöpfen Sie sich Spülentüren, Fliesenspiegel und Armaturen vor.
9. Zu guter Letzt werden Kachel- oder PVC-Böden geschrubbt.
10. Eimer, Mopp, Scheuermilch und Reiniger kommen zack, zack wieder in den Schrank.
11. Zischen Sie sich ein kühles Blondes.

DIE BETTEN MACHEN

Sein Bett zu machen ist der erste Schritt in ein aufgeräumtes Leben. Wer das direkt nach dem Aufstehen auf die Kette kriegt (okay, eine Tasse Kaffee ist noch erlaubt), ist einen entscheidenden Schritt vorangekommen.

Sie benötigen

ein sauberes Bettlaken mit Gegenlaken

alternativ ein sauberes Spannbetttuch

saubere Kissen- und Bettbezüge

Federbett, Steppdecke, eine Tagesdecke oder etwas anderes zum Drüberwerfen

UND SO GEHTS

1. Ein Laken schwungvoll auf die Matratze werfen und die Enden erst am Fußende, dann am Kopfende untergeschlagen.
2. Bei Spannlaken gehen Sie die Aktion von den Ecken am Fußende aus an. Danach kommt schwungvoll ein Gegenlaken darauf, das Sie am Fußende der Matratze überhängen lassen (siehe Abb. A).
3. Stopfen Sie Laken und Gegenlaken gemeinsam unter Fußende und Seiten der Matratze (Abb. B).
4. Nun wird die Tagesdecke über das Oberlaken gebreitet und bis übers Kopfende der Matratze gezogen. Gegenlaken und Tagesdecke werden nun gemeinsam – etwa um Kissenbreite – zurückgeschlagen, wie in Abb. C zu sehen ist.
5. Anschließend kommen die frisch bezogenen, einen leichten Aprilduft verströmenden Kissen auf die freie Fläche am Kopfende des Bettes. Kissen und anderes Bettzeug sollte man(n) übrigens mindestens einmal pro Woche wechseln, nach schweißtreibenden (ähm) Aktivitäten auch häufiger.

Fortsetzung auf der nächsten Seite

Fortsetzung

6 Jetzt Tagesdecke und Gegenlaken wieder über die Kissen schlagen. Alle Falten glatt streichen, Tagesdecke verführerisch unter die Kissenränder stopfen (siehe Abb. D).

7 Im Winter wärmen dicke Plumeaus oder Steppdecken natürlich besser als ein dünnes Gegenlakens, sie lassen sich allerdings nur schwer unter die Matratze stopfen.

8 Hier hilft nur eins: Plumeau und Kissen aufschütteln, Tagesdecke drüber, fertig.

HINWEIS

✓ Da Amerikaner und viele Europäer keine Federbetten kennen, hier ein Tipp von Frau Holle: Federkissen und -oberbetten beim Bettenmachen kräftig aufschütteln, weil die Daunen sonst verkleben und brüchig werden. So leben Plumeaus länger – und Milben verduften auch!

Abb. A

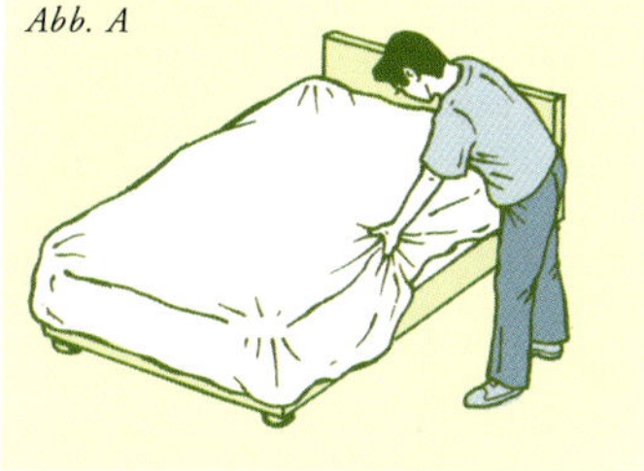

Abb. B

Abb. C

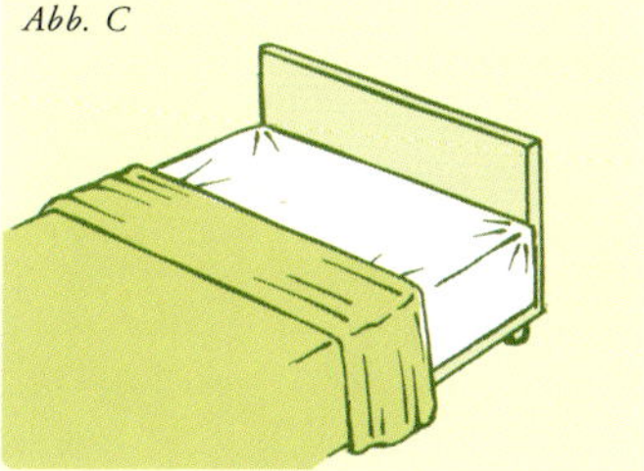

Abb. D

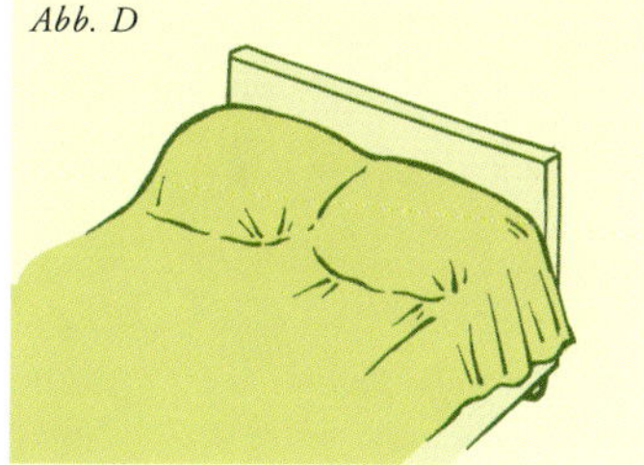

TOILETTE PUTZEN

Die olle Keramik zu scheuern ist fürwahr kein Traumjob, aber da muss ein echter Kerl nun mal durch – vor allem, wenn er Bräute aufreißen und abschleppen will. Folglich heißt die Parole: Handschuhe über, einmal tief Luft holen, zum Schwamm greifen und schrubben, bis der Arzt kommt!

Sie benötigen

Gummihandschuhe

Allzweckreiniger oder WC-Ente

Scheuerschwamm oder Wischtuch

Klobürste mit Nylonborsten

klaren Essig bzw. Essigessenz

UND SO GEHTS

1. Erst Gummihandschuhe überziehen, dann den Reiniger großzügig (!) auf den Innen- und Außenflächen der Kloschüssel verteilen.
2. Mit Scheuerschwamm oder Wischtuch alle Außenseiten der Toilettenschüssel inklusive Rand, Sitz, Brille und Deckel wischen.
3. Knöpfen Sie sich nun das Innere der Kloschüssel vor – auch die Innenkante des Schüsselrandes und das eingesiffte Ablaufloch!
4. Bei hartnäckigen Schmutzringen unten im Ausfluss der Schüssel kippen Sie reichlich Essigessenz ins Klo, um den Siff zu lösen. Lassen Sie die Säure einwirken und greifen Sie erst nach ein paar Stunden zur Klobürste, um die Schüssel gründlich auszuschrubben. Anschließend mehrmals spülen.

SO GEHTS SCHNELLER

✓ Statt womöglich zu spät zum Kegelabend zu kommen, weil Sie mit dem Klo noch nicht durch sind, geben Sie einfach eine Kappe Bleichmittel (die mit Chlor sind Klasse) in die Schüssel und überlassen Sie den Rest der Chemie. Wenn Sie vom Kegeln nach Hause kommen, ist alles blitzsauber.

BADEWANNE UND WASCHBECKEN REINIGEN

Ränder in der Wanne und schmierige Abflüsse entstehen durch ein Gemisch aus Fett und Dreck und können ziemlich fies werden, wenn Sie in einer Gegend leben, in der es sehr hartes, stark kalkhaltiges Wasser gibt.

Sie benötigen

Eimer

Allzweckreiniger oder Flüssigreiniger (kein Scheuermittel)

Schrubber mit Nylonborsten

Trockentuch

klaren Essig bzw. Essigessenz

Scheuerschwamm

Scheuerpulver

eventuell: Enthärter

UND SO GEHTS

1. Eimer mit Wasser (warm oder kalt) füllen und 'nen ordentlichen Schuss Haushaltsreiniger reinkippen.
2. Schrubben Sie mit der Nylonbürste Waschbecken, Wanne und alle Armaturen, bis Sie keine Kalkringe oder andere gesteinsbildenden Reste mehr sehen.
3. Mit klarem Wasser nachspülen und trockenreiben.
4. Bei hartnäckigen Flecken auf Kunstglasflächen vollbringt die gute alte Essigessenz, unverdünnt auf ein Scheuerschwämmchen aufgetragen, Wunder.
5. Widerborstige Seifenränder im Abfluss mittels Scheuerpulver killen: Flächen feucht machen, Pulver drauf, einwirken lassen, abspülen, nachpolieren.
6. Falls das Wasser in Ihrem Wohnort stark kalkhaltig ist, geben Sie einen Enthärter in den Spülkasten. (Klappt nicht bei Toiletten mit Druckspülung!)

GEBOTE UND VERBOTE

✗ Verwenden Sie keine brutalen Scheuermittel für Flächen aus Acrylglas, z. B. Duschwände: Die sind sofort völlig verkratzt – und außerdem zieht nichts auf der Welt so rasend schnell Schmutz und Schmier an wie eine raue oder aufgeraute Oberfläche.

DIE DUSCHE PUTZEN

Keramikbäder wären in null Komma nix blitzblank, gäbe es da nicht diese Fugenmasse zwischen den Kacheln, die auf Schimmel wie ein Magnet wirkt. Blöderweise hat jedes Bad solche Fugen.

Sie benötigen

Allzweckreiniger auf Chlorbasis

Gummihandschuhe

alte Zahnbürste oder Fugenbürste

Scheuerschwamm oder Lappen

UND SO GEHTS

1. Als Erstes wird ordentlich Chlorreiniger auf die Fugen gesprüht – für Umweltbewusste ein Gräuel, aber äußerst effektiv. Zwei Minuten einwirken lassen.
2. Mit Gummihandschuhen bewaffnet, ergreifen Sie die Zahn- bzw. Fugenbürste und schrubben die Fugen, bis diese blitzeweiß sind.
3. Die Kacheln mit Schwamm oder Lappen abwischen.
4. Nochmals alles gut mit Wasser abspülen.
5. Duschvorhänge, die dunkle Flecken zeigen, welche eindeutig nicht Teil ihres Musters sind, werden zusammen mit ein paar Handtüchern sowie einer halben Tasse Essigessenz oder Chlorbleichmittel in der Waschmaschine gewaschen. Nehmen Sie den Vorhang vor dem Schleudern heraus und hängen Sie ihn tropfnass im Bad zum Trocknen auf.

TIPP

✓ Als Eigenmix für chemische Keulen empfehle ich, einen Viertelliter Chlorbleichlauge mit einem Liter Wasser zu mischen. Rühren, nicht schütteln – und dann, hasta la vista, Schimmel!

DEN BACKOFEN REINIGEN

Den Backofen müssen Sie nicht jede Woche, ja nicht einmal jeden Monat reinigen – vor allem, wenn Sie ihn nie benutzen. Trotzdem ist diese Plackerei die unangenehmste Hausarbeit: Erstens verkokelt alles, was auf den Röhrenboden tropft, zu einer undefinierbaren, kratzresistenten Betonmasse, und zweitens ist der Backofenreiniger das Giftigste, was der Putzschrank hergibt. Deshalb: Vorbeugen ist besser als Schrubben!

UND SO GEHTS

1. Alles, was aus der Backform tropft, sollte sofort aufgewischt werden – aber aufgepasst, die heiße Ofentür kann fiese Brandblasen verursachen.
2. Wer eine Gans braten oder ein Souflée backen will, weiß schon vorher, dass Tropfen und Spritzer entstehen. Also Saftpfanne mit Backpapier oder Alufolie auslegen und unterschieben.
3. Den Backofen (falls benutzt) einmal in der Woche mit warmer Seifenlauge auswaschen, hartnäckige Flecken mit dem Topfkratzer entfernen. Ofentür nicht vergessen! Teigreste und andere Nahrungsstalagmiten können sich so gar nicht erst ansammeln, geschweige denn verkrusten oder festbacken, und auf den Backofenspray mit dem Totenkopf können Sie auch verzichten.
4. Kaufen Sie einen Backofen mit Selbstreinigung und lesen auf Seite 52 weiter.
5. Falls die chemische Keule doch mal zum Einsatz kommen muss, sprühen Sie den Backofenspray ins Herdinnere und lassen ihn entsprechend der Gebrauchsanweisung einwirken. Dann heißt es: Ärmel hoch, Gummihandschuhe an und ran an die Arbeit! Während Sie mit Stahlwolle und Scheuerschwamm hantieren, unbedingt Türen und Fenster öffnen, um die Küche gut zu lüften (der Spray enthält oft Natronlaugendämpfe). Wenn Schmier und verbrannte Essensreste gelöst sind, können Sie den Backofen mit Wasser auswaschen.

GESCHIRR ABWASCHEN

Schmutziges Geschirr von Hand abzuwaschen ist keine große Aktion. Wir wissen ja aus Funk und Fernsehen, dass moderne Ultra-Super-Power-Spülmittel selbst die angebackenste Pfanne ratzfatz zum Spiegeln kriegen.

Sie benötigen

ultrastarkes Spülmittel

Spültuch

Scheuerschwamm

Spülbürste mit Nylonborsten oder Kratzschwamm

Abtropfgestell

Topfreiniger

Eimer (oder Hund) für Essensreste

UND SO GEHTS

1. Falls Sie im Team arbeiten, beginnt der eine mit dem Abwasch, während der andere abräumt und die Arbeitsfläche für das saubere Geschirr putzt.
2. Wenn Sie's alleine machen müssen, verpacken Sie die Mahlzeitreste, die Sie aufbewahren möchten, in Klarsichtfolie. Der Rest wandert in den Müll.
3. Töpfe, Pfannen und Backbleche mit festgebackenem Fett mit warmem Wasser füllen, einen Schuss Spüli rein und einweichen lassen.
4. Drehen Sie den Warmwasserhahn leicht auf, so dass ein dünner Strahl herausrinnt, dessen Temperatur Sie gerade noch abkönnen.
5. Jedes Teil unter dem Wasserstrahl vorreinigen, dann erst darf es abtauchen. Hartnäckige Flecken mit der Spülbürste entfernen. Teller und Tassen mit Schwamm oder Spültuch abwischen.
6. Das Geschirr heiß nachspülen, dann im Trockengestell abtropfen lassen.
7. Erst die Gläser, dann das Porzellan abwaschen, gefolgt vom Besteck; Holz- und Metallteile zuletzt.

Fortsetzung auf der nächsten Seite

Fortsetzung

8 Küchenmesser, Weingläser und Edelstahlgeräte sollten Sie sofort abtrocknen und nicht erst ins Abtropfgestell stecken, da sie sonst hässliche Flecken bekommen.

9 Wenn Töpfe und Pfannen lange genug eingeweicht wurden (nach ca. 10 bis 15 Minuten), rücken Sie den angebackenen Brat- und Essensresten mit Topfkratzer oder Spülbürste zu Leibe. Vor dem Klarspülgang noch mal in der Spüllauge mit einem Schwamm abwaschen.

10 Wenn Sie mit dem Abspülen fertig sind, wischen Sie Spüle, Arbeitsflächen und Esstisch mit einem feuchten Tuch ab.

GEBOTE UND VERBOTE

✗ Trocknen Sie das Geschirr nur ab, wenn Sie es für den nächsten Gang benötigen. Andernfalls lassen Sie es ruhig auf dem Gestell abtropfen – dafür ist es da!

✓ Gummihandschuhe sind ein Muss, vor allem im Fall von weiblicher Spülassistenz. Viele Frauen finden Männer in häuslichem Latex nämlich äußerst sexy.

FENSTER PUTZEN

Die meisten Leute putzen die Fenster nicht deshalb so ungern, weil sie dazu Glasreiniger aufsprühen und wieder abwischen müssen, sondern weil sie keinen Bock darauf haben, außerdem noch die Rahmen innen wie außen abzuwaschen und die staubigen Rollos abzustauben.

Sie benötigen

- **Staubtuch**
- **klaren Essig bzw. Essigessenz**
- **Waschalkohol (Terpentin)**
- **Eimer mit warmem Wasser**
- **Zerstäuber**
- **sauberes Frotteetuch**
- **Leiter**
- **Sauberen Lappen**

UND SO GEHTS

1. Erst mal alle Fensterbänke und Ecken abstauben, in denen sich Dreck und Siff abgesetzt haben.
2. Jetzt kippen Sie zu gleichen Teilen Essigessenz und Alkohol (jeweils eine Tasse voll) in einen zur Hälfte mit warmem Wasser gefüllten Eimer und füllen diese Mixtur in eine leere Sprühflasche.
3. Die Innenscheibe mit dem Putzcocktail besprühen und sauber wischen. Die Scheibe mit einem alten, aber sauberen Frotteetuch trockenwischen.
4. Die Reinigung der Außenscheibe, die ja meist dreckiger ist als die Innenseite, erfolgt analog zu Schritt 3 – notfalls mehrmals besprühen.
5. Wenn Sie die Innenscheiben mit horizontalen, die Außenscheiben mit vertikalen Wischbewegungen putzen (oder umgekehrt), können Sie leichter feststellen, auf welcher Seite es noch Streifen hat.

TIPP

✓ Anstelle des Essig-Alkohol-Gemischs können Sie auch Ammoniak (Salmiakgeist) mit Wasser mischen und genauso verwenden. Alter Hausfrauentrick: Die Scheiben mit trockenem, zusammengeknülltem Zeitungspapier reinigen.

STAUB WISCHEN

Staubwischen gehört mit Fegen, Wischen, Abspülen und Badputz zu den notwendigen wöchentlichen Arbeiten.

Sie benötigen

Staubwedel (Federwisch) oder Staubtuch

feuchter Lappen oder Putztuch

Besenstiel oder Teppichklopfer

UND SO GEHTS

1. Beginnen Sie in jedem Zimmer in einer Ecke und arbeiten Sie sich Staub wischend die Wände entlang, bis Sie wieder am Ausgangspunkt sind.
2. Wer mit einem feuchten Tuch arbeitet, sollte behutsam wischen – sonst wird mehr Staub aufgewirbelt als vom Tuch aufgenommen.
3. Zur Grundreinigung gehören auch Fenster- und Bilderrahmen, Fensterbänke, Kommoden, Lampenschirme, Glas- und Schrankflächen.
4. Kissen und Sofapolster bringen Sie ins Freie – ein Balkon tuts auch – und klopfen sie dort mit der Hand oder einem Teppichklopfer so lange, bis kein Staubkörnchen mehr herauskommt.
5. Schmutzig gewordene Wischtücher oder Staubwedel einfach ausschütteln oder ausspülen – und schon gehts weiter.

GEBOTE UND VERBOTE

✗ Benutzen Sie keine Möbelpolitur. Die nämlich mieft wie die Bude Ihrer Großmutter und hinterlässt wachsähnliche Flecken, die schlimmer sind als jeder Staub.

✓ Tischfotorahmen, Kerzenleuchter, Zeitschriften und anderes Sammelsurium lassen sich problemlos mal eben kurz hochheben: Auch unter ihnen liegt Staub, der weggewischt werden will.

FEGEN

Beim Hausputz ist es wie im richtigen Leben: Auch mit kleinen Schritten kommt man ans Ziel. Fegen Sie los! (Leser in der Schweiz, Achtung: Beim hochdeutschen „Fegen“ bleibt der Boden trocken, beim „Wischen“ wird er nass – ihr dagegen „fegt“ nass und „wischt“ trocken.)

Sie benötigen

Stabilen Besen mit Nylonborsten

Kehrschaufel und Handfeger

Abfalleimer

Musik

UND SO GEHTS

1. Zum Putzen gehört Musik. Erhöhen Sie das Tempo mit hartem Punk oder Rock, oder entspannen Sie sich bei langsamen, schwebenden Kehrbewegungen im Takte einer lauschigen Melodie.
2. Verbannen Sie Schuhwerk, Stühle und den ganzen Kram, der über den Boden verstreut ist, auf das nächstbeste Tischchen, Bett oder Sofa (vergleiche dazu auch Kapitel 1).
3. Anders als beim feucht Wischen ist es schnurz, mit welchem Raum Sie beginnen. Fegen Sie von den Ecken aus in die Raummitte. Und vergessen Sie nicht, auch die oberen Ränder der Fußleisten abzufegen!
4. Zum Schluss wird der Haufen auf ein Kehrblech gefegt und in die Mülltonne geworfen.

GEBOTE UND VERBOTE

- ✓ Auch wenns keiner mitbekommt: Ruhig mal unterm Bett oder hinter der Couch fegen!
- ✓ Zwischendurch sollten Sie unbedingt die Staubmäuse und Haare aus dem Besen zupfen.

FEUCHT WISCHEN/FEUDELN

Man braucht nicht als Genie zu glänzen, um einen Boden aufzuwischen (oder zu feudeln, wie man im Norden sagt). Hauptsache, der Boden glänzt.

Sie benötigen

Mopp

warmes Wasser

Allzweckreiniger

zwei Eimer

Musik

UND SO GEHTS

1. Zum Wischen eines Parkett-, Laminat- bzw. profanen Holzbodens verwenden Sie einen einfachen, nur leicht angefeuchteten Mopp.
2. Beginnen Sie in dem Bereich des Zimmers, der am weitesten von der Eingangtür entfernt ist. So müssen Sie später nicht durch den frischgemoppten Raum tapern, um nach nebenan zu gelangen.
3. Zum Säubern von Kachel- oder PVC-Böden geben Sie einen Schuss Haushaltreiniger in einen halb mit warmem Wassern gefüllten Putzeimer. Das klare Wasser im anderen Eimer ist fürs Nachspülen.
4. Der Mopp darf jetzt abtauchen und sich ordentlich voll saugen. Anschließend kräftig auswringen!
5. Wischen Sie den Boden, indem Sie mit Schrubber und Mopp eine große Acht schreiben!
6. Wenn der Feudel schmutzig oder trocken ist, spülen Sie ihn im Klarwasser-Eimer aus. Danach in den Eimer mit dem Spülwasser tauchen, auswringen und weiterwischen.
7. Wenn Sie mit allem fertig sind, können Sie den Mopp noch mal in klarem Wasser spülen und erneut feucht überwischen, damit es keine Putzflecken gibt.

WELCHER STAUBSAUGER SOLL'S DENN SEIN?

Die Wahl des richtigen Staubsaugers stellt eine ähnliche Herausforderung dar wie die Auswahl eines passenden Rasenmähers. Deshalb sind Testläufe angesagt. Also auf zum Probesaugen in den nächsten Elektrofachhandel.

KOMBISTAUBSAUGER

Kombistaubsauger sind die Arbeitstiere unter den Haushaltsgeräten und eignen sich bestens für teppich- oder teppichbodenreiche Wohnräume. Die reinigenden Kräfte sind ein Saugmechanismus und ein rotierender Kehrbürstenteller. Zur Grundausstattung gehört oft ein Haufen austauschbarer Schläuche und Düsen, mit denen Sie spielend in jede Ecke vorstoßen.

AKKUSAUGER

Dieses kleine und handliche Gerät ist prädestiniert für Leute, die nur ein paar Kelims, Brücken oder kleine Läufer ihr Eigen nennen. Akkusauger, gelegentlich auch Tischstaubsauger genannt, brauchen kaum Stauraum und sind prima für Ecken, Treppen, Kanten, Vorhänge und Polstermöbel.

INDUSTRIESAUGER

Industrie- oder Gewerbesauger sind Hochleistungsschlucker, die aussehen wie R2D2 aus „Star Wars". Sie schlucken Unmengen Wasser und kommen gut mit Nägeln, Hobelspänen und Sägemehl klar.

RUCKSACKSTAUBSAUGER

Diese coolen Teile schnallt man sich, wie der Name sagt, auf den Rücken. Daher hat man sie aus dem Weg, während man mit der Düse herumfuhrwerkt. Eigentlich sind sie für die Reinigung von Industrieanlagen gedacht, aber was kümmert das einen echten Technik-Freak?

STAUB SAUGEN

Wenn Sie die Maschine Ihres Vertrauens gefunden: kaufen … und los gehts!

Sie benötigen

Staubsauger

genug Fläche zum Saugen

UND SO GEHTS

1. Zuerst sammeln Sie Kleingeld, Nägel, BHs und andere Sachen vom Boden auf, an denen sich das Gerät verschlucken könnte.
2. Immer vom Kabel weg saugen, so müssen Sie es nicht ständig aus dem Weg räumen.
3. Der Profi saugt mit langsamen und geschmeidigen Bewegungen und ruckelt nicht hektisch hin und her.
4. Bei Bohlen- oder Parkettböden eine weiche Bürstendüse aufstecken bzw. die Düse umstellen.
5. Bereiche, auf denen viel herumgetrampelt wird – z. B. Flure und Türschwellen – doppelt saugen.

TEPPICHREINIGUNG

Auch Teppiche werden schmutzig. Trennen Sie sich vom zotteligen Flokati, der sich zehnmal schwerer sauber halten lässt als ein Teppich mit kurzen Schlingen. Und selbst dieser muss – vor allem an Stellen mit häufigem Fußverkehr – mindestens einmal im Jahr gereinigt werden. Wenn Ihnen das zu viel ist, kaufen Sie sich 'nen dunklen, wo man die Flecken kaum sieht – oder lassen Sie für die Drecksarbeit einen Reinigungsservice kommen.

Sie benötigen

Staubsauger

Teppichreinigungsgerät (kann man mieten)

heißes Wasser

Teppichshampoo bzw. Teppichschaum

UND SO GEHTS

1. Beginnen Sie in einem beliebigen Raum. Aber schaffen Sie erst mal alle Möbel aus dem Raum.
2. Dann wird mit dem Staubsauger gründlich vorgesaugt, mindestens zweimal.
3. Folgen Sie der Gebrauchsanleitung des Reinigungsgerätes und füllen Sie heißes Wasser und Teppichshampoo in das entsprechende Behältnis.
4. Fahren Sie mit dem Schlauch des Teppichreinigers mit langsamen, aber kräftigen Bewegungen über den Teppich. Damit das Shampoo herauskommt, muss man in der Regel auf einen Knopf drücken.
5. Wenn Sie mit dem Raum durch sind, fahren Sie noch einen zweiten Reinigungslauf. Aber diesmal nicht auf den Shampoo-Knopf drücken, damit der Teppich nur mit heißem Wasser gereinigt wird.
6. Abschließend fahren Sie ein drittes Mal mit der Reinigungsmaschine über den Teppich, um das Wasser möglichst vollständig abzusaugen (ein bisschen Schwund ist immer).

HARTNÄCKIGE FLECKEN ENTFERNEN

Bei all dem Rumhantieren und -werkeln in Garten, Garage, Werkstatt und Wohnraum bleibt es nicht aus, dass gelegentlich hässliche Flecken entstehen. Echte Kerle wissen, wie sie diese wieder wegbekommen.

HOLZFLÄCHEN

Manche Freundschaft ist schon daran zerbrochen, dass einer achtlos sein Bier auf dem Tisch seines Kumpels abgesetzt und diesen versaut hat.

Sie benötigen		**UND SO GEHTS**
Essig/Essigessenz	1	Essig und Öl 50:50 in einer Tasse mischen.
Pflanzenöl	2	Den Rand des Baumwolltuchs in die Mixtur stippen und die Holzfläche parallel zur Maserung so lange massieren, bis der Fleck verschwunden ist.
trockenes Baumwolltuch		

STEINPLATTEN

Kaffeeflecken auf der Marmorarbeitsplatte lassen Sie in den Augen einer Frau als Schlunz dastehen, dem öfter mal was danebengeht. Das muss nicht sein.

Sie benötigen		**UND SO GEHTS**
Mehl	1	Aus Mehl und Wasserstoffsuperoxid eine breiige Paste anrühren; einen ordentlichen Klecks auf den Kaffeefleck klatschen; 24 Stunden einwirken lassen.
Wasserstoffsuperoxid	2	Am nächsten Tag kratzen Sie die Paste mit dem Kittmesser ab und, o Wunder, der Fleck ist weg!
Kittmesser		

TEPPICHFLECKEN

Kein Teppich bleibt ohne Flecken. Nachfolgend eine Liste der häufigsten Flecktypen und die Methoden, um selbige wieder loszuwerden.

KAFFEE-, TEE-, SAFT-, MILCH-, EIS- UND SCHNAPSFLECKEN

Sie benötigen

1 Teelöffel Neutralreiniger

205 ml warmes Wasser

Lappen oder Putztuch

UND SO GEHTS

1. Wasser und Neutralreiniger in Becher mischen.
2. Sauberen Lappen darin tränken, leicht auswringen und den Fleck mit dem feuchten Tuch bearbeiten.
3. Warmes Wasser drüber, ausspülen – weg!

FETT-, WACHS- UND ÖLFLECKEN

Sie benötigen

1 Teelöffel Neutralreiniger

1 Teelöffel klaren Essig/Essigessenz

250 ml warmes Wasser

Küchenkrepppapier

Kittmesser

Bügeleisen

UND SO GEHTS

1. Neutralreiniger, Essig und Wasser mischen und mit Küchenkrepppapier/Lappen in den Fleck einreiben.
2. Auf gar keinen Fall mit Wasser spülen!
3. Nehmen Sie stattdessen ein stumpfes Messer und kratzen Sie den Schmodder ab.
4. Dann kommt ein sauberes Tuch oder etwas Krepppapier über den Flecken und wird mit dem warmen Bügeleisen übergebügelt. Und schluuupp – das Tuch saugt Wachs, Öl und sonstigen Fettkrams auf.

SAUCEN-, SCHOKO- , SCHUHCREMEFLECKEN

Sie benötigen

60 ml Spülmittel oder anderes Detergenz

250 ml warmes Wasser

Lappen/Putztuch

UND SO GEHTS

1. Reinigungsmittel und Wasser in Schüssel geben.
2. Tuch in die Mixtur tunken und leicht auswringen. Fleck mit dem feuchten Tuch schrubben.
3. Alles mit warmem Wasser ausspülen.

SESSEL- UND SOFABEZÜGE

Nicht nur „Wasserkränze", auch Bierflecken auf dem neuen Sessel sind einer Freundschaft abträglich. Aber noch sind Hopfen und Malz nicht verloren.

KAFFEE-, TEE-, SAFT-, MILCH-, BIERFLECKEN

Sie benötigen

Küchenkrepppapier

Küchenschwamm

Essig-Wasser-Gemisch

Wasser

UND SO GEHTS

1. Frisch verschütteten Bierschaum sofort mit Krepppapier vom Polster wischen (den Elfmeter können Sie sich noch anschauen, dann heißts: Action!)
2. Den Küchenschwamm großzügig mit der Wasser-Essig-Suppe tränken und die Mischung großflächig um den Fleck herum in das Polster einreiben.
3. Alles behutsam mit Küchenkrepppapier abtupfen.
4. Jetzt das Ganze noch einmal – aber diesmal mit klarem Wasser!

KAPITEL

4

KLEIDER MACHEN LEUTE

Für einen Mann, der sich die Welt erobern will, gibt es drei goldene Regeln: Erstens: Ordnung in sein Leben bringen, zweitens: einen guten Martini mixen können, und drittens: blendend aussehen. Regel Nr. eins wurde im Kapitel Planung statt Chaos bereits abgehandelt, bei Regel Nr. zwei macht Übung den Meister. Was nun den Punkt „blendend aussehen" betrifft, so ist es durchaus hilfreich, der naturgegebenen Schönheit mit gut gepflegter Kleidung etwas nachzuhelfen: Sorry, Jungs, aber Kleidung muss nun mal gewaschen und gebügelt werden.

WÄSCHE SORTIEREN: WIESO?

Wohl überall auf der Welt tut sich die männliche Logik schwer mit dem Umstand, dass man seine Wäsche – klar, von Hand! – in Helles, Dunkles und Gleichfarbiges sortieren muss, ehe die Klamotten in die Maschine wandern. Das ist Fakt. Punktum. Selbst wenn man gerade für die Hälfte seines Monatsgehalts das Topmodell unter den Waschmaschinen erstanden hat, um diese steinzeitliche Sortiermethode kommt man einfach nicht umhin.

Der Grund dafür ist ganz simpel: Dunkle Kleidung (besonders rote) „blutet" beim Waschen unheimlich gerne aus und macht aus männlich-weißen Boxershorts im Nu pastellrosa Liebestöter. Das allein wäre ja noch erträglich (und gäbe Ihrem grauen Alltag sogar einen farblichen Kick), wenn sich die Färbaktion auf ein Paar Unterhosen beschränken würde. Dem aber ist beileibe nicht so: Nein, wenn es sich so eine kleine, fiese Rotsocke in den Kopf setzt, Farbe zu bekennen, dann färbt es natürlich jedes einzelne weiße Teil in der ganzen Maschine – meist in schmuddeligem Graurosa oder stumpfem Blaugrau. Wer dann tatsächlich den Mumm aufbringt, dieses graue Elend anzuziehen, darf sich nicht wundern, dass jede Frau, die ihn so sieht, in schallendes Gelächter ausbricht oder ihn für völlig bescheuert hält, weil er seine Klamotten nicht vorsortiert hat.

Wer außerdem noch vergisst, Leinenhosen, Polyesterhemden oder Sakkos, die nur chemisch gereinigt werden dürfen, vor dem Waschen aus der Bett- und Unterwäsche herauszuklauben, könnte unter Umständen verblüfft feststellen, dass seine Sachen wie von Zauberhand auf Puppengröße eingelaufen sind. Lange Rede, kurzer Sinn: Wer seine Klamotten vorm Waschen sortiert, bekommt sie auch in Originalfarbe sowie Originalgröße wieder.

HELFENDE HIEROGLYPHEN

Jedes Mal Todesängste auszustehen, dass die Wäsche in der Waschmaschine einläuft, im Trockner verschmurgelt und ausbleicht oder beim Bügeln in Fetzen fällt, muss nicht sein: Ein paar Reinigungspäpste haben einen weltweit gültigen Code kleiner Symbole kreiert, mit dem die Textilindustrie waschgepeinigten Kerlen den Weg weist, wie man Klamotten schonungsvoll und pflegeleicht behandelt. Ein Blick aufs Etikett, und alles wird gut.

	WAS BEDEUTEN DIESE ZEICHEN?
	Nur von Hand waschen (leben wir in Indien, oder was?)
	Nur chemisch reinigen (geht auf die Dauer ins Geld)
	Darf in den Trockner (T-Shirts können trotzdem einlaufen)
	Darf nicht in den Trockner (z. B. Wollpullover)
	Keine Bleichmittel (also Finger weg von Chlorbleichlauge!)
	Nicht bügeln (Knitterlook erlaubt?)

WASCHEN VERBOTEN!

Auch wenn der primäre Daseinszweck jeder Waschmaschine im Waschen von Wäsche besteht, dürfen manche Hosen und Hemden da nicht rein, sondern müssen unter tausend Mühen von Hand gewaschen oder – noch schlimmer – in die Reinigung gebracht werden.

UND SO GEHTS

1. Wenn Sie nicht sicher sind, ob Ihre Hose auch Wasser oder nur Waschbenzin verträgt, sollten Sie das Etikett zurate ziehen. Manchmal steht „Chemisch reinigen" – teurer Spaß –, manchmal „Handwäsche" drauf. Viele der kleinen Schildchen verraten aber noch viel mehr: Etwa, welche Temperaturen der Sweater abkann oder ob er in den Trockner darf.

2. Niemals Pullis oder Schals aus Kamm- bzw. Kaschmirwolle in der Maschine waschen und SCHON GAR NICHT in den Trockner schmeißen, sonst können Sie aus den Dingern ein Mobile basteln.

3. Keine Kleider in der Maschine waschen, die ausdrücklich verlangen, „chemisch gereinigt" zu werden – es sei denn, sie sind so schlunzig, dass sie sogar bei der Altkleidersammlung liegen bleiben. Alte Wollsachen werden mit kaltem Wasser im Wollwaschgang oder von Hand gewaschen und dann flach zum Trocknen ausgebreitet.

4. Waschen Sie keine fleckenübersäten Klamotten, ohne die Flecken vorher mit Fleckenteufel oder anderen Spezialmittelchen behandelt zu haben (siehe nächste Seite).

5. Oberstes Gebot: Werfen Sie nie-nie-nie-niemals die Lieblingsbluse eines weiblichen Wesens, an dem Ihnen auch nur im Geringsten gelegen ist, in die Waschmaschine, ohne vorher das Wäscheschildchen mit Argusaugen geprüft zu haben.

FLECKEN AUF DER KLEIDUNG

Fleckige Kleidung verrät: (A) Sie malochen hart, was Öl-, Schmutz- und Grasflecken beweisen, oder (B) Ihre Tischmanieren sind unter aller Sau und Ihr Aussehen ist Ihnen schnurz. Fall A macht Mädels an, Fall B vertreibt sie.

Sie benötigen

bekleckertes Hemd

Selters oder Mineralwasser

Tuch

Fleckenteufel

Waschpaste

UND SO GEHTS

1. Wenn Ketchup, Bratensauce oder Vanilleflan aufs Hemd rinnen, handeln Sie rasch:
2. Rubbeln Sie den Fleck ordentlich mit einem in Sprudelwasser getränkten Tuch. Entscheidend ist die Kohlensäure! Wenn Sie kein Selters im Haus haben, nehmen Sie Wasser vom Hahn und popelige Seife.
3. Wenn Sie den Fleck übersehen haben oder ihm nicht sofort zu Leibe gerückt sind, tupfen Sie vor dem Waschgang Fleckenteufel drauf. Klappt auch mit Waschpaste, die auf dem Fleck aufgetragen und dann eingerieben wird.
4. Geht der Fleck beim ersten Waschen nicht raus, Pulli oder T-Shirt auswringen und noch mal 'ne Runde Fleckenteufel oder Tubenwaschpaste drauf.

GEBOTE UND VERBOTE

- ✗ Zum Fleckenrauswaschen niemals heißes Wasser benutzen, sonst frisst sich der Ömmes fest. Verwenden Sie kaltes oder lauwarmes Wasser.
- ✗ Fleckige Klamotten niemals in den Trockner packen! Die Hitze wird den Fleck nämlich für alle Ewigkeiten festbacken.

DIE LEIDIGE HANDWÄSCHE

Hier irrt der Mann: Mit der Hand zu waschen heißt nicht, bibbernd knietief in einem Fluss zu stehen und nasse Hosen gegen den Felsen zu klatschen.

Sie benötigen

Eimer

kaltes Wasser

Wollwaschmittel (z. B. Perwoll)

UND SO GEHTS

1. Einen Eimer in die Spüle stellen, Kaltwasserhahn aufdrehen und Wasser marsch! Eine Verschlusskappe Waschmittel in den fast vollen Eimer kippen.
2. Der Eimer bleibt in der Spüle. Pulli, Socken oder Schal hineinwerfen. Jetzt spielen Sie Waschmaschine im Schongang: Mit der Hand kneten und schwenken Sie die Sachen im Eimer hin und her. Besonders schmutzige Stellen werden gegen andere Stoffteile gerieben.
3. Das Waschgut 10 Minuten in der Seifenlauge liegen lassen. Dann erneut Kneten und Schwenken.
4. Klamotten aus dem Eimer klauben und das Wasser wegkippen.
5. Zum Spülen müssen Sie den Eimer erneut mit kaltem Wasser füllen, diesmal halten Sie den Stoff jedoch direkt unter den Wasserstrahl. Unbedingt jedes einzelne Stück gut ausspülen.
6. Wenn der Eimer voll ist, schwenken Sie die Wollsachen noch einmal, damit auch alle Seife rausgeht. Falls das Wasser nach fünf Minuten immer noch schäumt oder sogar seifig-trüb ausschaut, ersetzen Sie es durch frisches.

Fortsetzung auf der nächsten Seite

Fortsetzung

7 Bloß keine Wollsachen auswringen, da sie sonst beim Trocknen fürchterlich zerknittern oder sich sogar verziehen. Zum Trocknen hängen Sie Ihre Wollsachen besser tropfnass über einen Bügel im Bad auf.

TIPP

✓ Damit das mühsam von Hand gewaschene Hemd schneller trocknet, legen Sie ein etwa gleichfarbiges Handtuch auf eine flache Unterlage (z. B. den Kachelboden im Bad). Dann kommt das Hemd aufs Handtuch, und beides wird wie eine Biskuitrolle zusammengerollt. Wenn Sie dann die Stoffrolle zusammendrücken, pressen Sie das Wasser aus dem Hemd ins Handtuch. Anschließend wird die Stoffwurst wieder entrollt und das Hemd kann auf die Leine, wo es dann endgültig trocken hinter den Ohren – pardon, Kragenecken – wird.

AB IN DIE WASCHMASCHINE

Ein Kleiderschrank voll frischer, sauberer Wäsche riecht gut und vereinfacht das Leben: vorbei das entnervte Wühlen im Wäschesack nach der zweiten Socke, nie mehr miefige zerknüllte Boxershorts unterm Bett, und auch die muffig riechenden Handtücher sind Geschichte.

Sie benötigen

Waschmaschine

Waschmittel

Gebrauchsanweisung

UND SO GEHTS

1. Sortieren Sie Weißes, Buntes und Dunkles auf verschiedene Haufen.
2. Wechselgeld, Stifte und Papiere entfernen. Socken, Hemdkragen und Hosenbeine auf Rechts sowie den schmutzigen Feinrippslip aus der Hose ziehen.
3. Die Klamotten auf Flecken checken. Notfalls mit Fleckenteufel oder Waschpaste vorbehandeln oder aus der Welt schaffen (siehe Seite 69).
4. Einen der sortierten Haufen in die Maschine stopfen und das Waschmittel direkt in die Trommel oder in ein entsprechendes Waschmittelfach geben.
5. Gewünschten Waschgang wählen. Rat gibt Ihnen die aufgeklebte oder -gedruckte Programmhilfe.
6. Wassertemperatur beachten: Weißwäsche 60 bis 95, bunte Baumwollwäsche 40 bis 60, alles aus Synthetik maximal 30 Grad (besser kalt waschen).

TIPP

☑ Durch Chlorbleiche wird Weißes noch weißer, manchmal aber auch dünner: Zu viel Bleiche kann Naturfasern wie Baumwolle und Leinen zersetzen. Sparsam dosieren!

DER WÄSCHETROCKNER

Das Schreckgespenst aller, die mit Schmutzwäsche zu tun haben, ist das so genannte Schrumpfsocken-Syndrom. Mitunter tritt dieses Phänomen ein, wenn ein Pullover in der Maschine zu heiß gebadet wurde, viel häufiger jedoch klammheimlich im tödlich rotierenden Trockner. Im Zweifelsfall hängen Sie Ihre Klamotten zum Trocknen besser auf die Wäscheleine.

Sie benötigen

Wäschetrockner

Wäscheleine oder Wäscheständer

UND SO GEHTS

1. Sortieren Sie beim Herausnehmen der gewaschenen Sachen aus, was nicht in den Trockner darf.
2. Klamotten mit Trocknerverbot hängen Sie im Freien auf die Wäscheleine oder innen auf einen Wäscheständer bzw. auf den Trockenboden.
3. Stellen Sie beim Trocknen eine mittlere oder niedrige Temperatur ein. Nur Handtücher mögens heiß.
4. Zwischendurch immer mal kontrollieren: Nicht alle Sachen trocknen gleich flott (dünne Baumwolllaken sind im Nu furztrocken, Bluejeans brauchen Stunden). Rechtzeitig rausgenommene Klamotten haben eine längere Lebenserwartung.
5. Frisch aus dem Trockner gezogen, lassen sich Klamotten prima zusammenfalten und weghängen – garantiert knitterfrei.

GEBOTE UND VERBOTE

✗ Niemals weiße T-Shirts mit schwarzen Jeans trocken: Da die Wäsche ja immer noch feucht ist, wenn sie in den Trockner kommt, können Farben ausbluten.

WÄSCHE FALTEN

Wie sagte meine Großmutter immer: Leg die Hemden ordentlich zusammen, sonst zerknittern sie. Schmeißt man frisch getrocknete Wäsche in einen Korb, wirft sie bald mehr Falten, als Ihre Großmutter jemals hatte.

UND SO GEHTS

1. Um ein T-Shirt zu falten, breiten Sie es mit der Front nach unten auf eine glatte Fläche. Nun wird der eine Ärmel erst zur Mitte ein- und dann zur Hälfte zurückgeschlagen. Dito der andere. Dann falten Sie die untere Hälfte des Hemds zum Kragen zurück und drehen das Hemd um. Fertig!

2. Hemden aufgeknöpft mit umgeschlagenem Kragen aufbügeln und über 'nen Bügel hängen. Damit der Kragen im Schrank nicht verrutscht, beide oberste Knöpfe zuknöpfen. Dann die Falten ausstreichen!

3. Socken werden zu Paaren gefaltet, damit später nichts vertauscht wird. Passende Socken zusammenlegen und vom Zeh aufwärts rollen. Dann das Knäuel in einen der beiden Socken zurückstopfen.

WÄSCHE BÜGELN

Die eleganteste Lösung ist eine Bügelfrau/ein Bügelmann. Wer teure, maßgeschneiderte Hemden besitzt, sollte sie zum Waschen und Bügeln in die Reinigung geben. Das kostet pro Hemd gerade mal 2 bis 3 €. Für die, die sich diesen Luxus nicht leisten wollen oder können, hier einige Tipps:

Sie benötigen

Dampfbügeleisen

destilliertes Wasser

Bügelbrett

Sprühflasche

UND SO GEHTS

1. Richtige Bügeltemperatur einstellen (Seide und Synthetikfasern können weniger ab).
2. Das Hemd flach ausbreiten und – von den Rändern zur Mitte hin – erst die Rückseite des Kragens, dann seine Vorderseite bügeln.
3. Die Manschetten aufknöpfen und erst die Innen-, danach die Außenseite bügeln.
4. Die Ärmel flach aufs Brett legen und glatt streichen. Mit dem Eisen sanft über den Stoff streichen. Um die Schultern zu bügeln, ziehen Sie das Hemd über die Vorderkanten des Bügelbretts.
5. Die Mitte des Hemds wird zum Schluss gebügelt, von der Schulter aus abwärts. Der Kragen weist dabei zu dem Vorderende des Bügelbretts, die Front des Hemds lächelt Ihnen ins Gesicht.
6. Das Hemd umdrehen. Rückseite und linke Vorderseite bügeln. Zwischendurch Dampf ablassen!

TIPP

✓ Hartnäckige Falten bekommen Sie in den Griff, indem Sie diese vor dem Bügeln mithilfe der Sprühflasche einsprühen.

NÄHEN UND FLICKEN

Ja, ja, die alten Sprichwörter: „Was du heute kannst besorgen, das verschiebe nicht auf morgen." Die Lebensweisheit gilt auch für Näharbeiten aller Art. Wenn man nämlich abwartet, klafft anstelle des kleinen Risses in null Komma nix ein faustgroßes Loch im Ärmel. Der Erwerb eines Nähkörbchens zahlt sich also immer aus.

Sie benötigen

Flicken

Stecknadeln

Garne in verschiedenen Farben

Nähnadeln

Fingerhut

Schere

Nadelkissen

Einfädler

Ersatzknöpfe

VORGEHENSWEISE

1. Um das Knie einer Jeans zu flicken, wird sie erst mal flach ausgelegt. Die Rissstellen möglichst passgenau aneinander legen, alle Falten wegstreichen.
2. Den Flicken so auf den Riss legen, dass das Loch vollkommen bedeckt ist.
3. Den Flicken mit Stecknadeln am Jeansbein fixieren. Die Nadeln dürfen nur durch die Vorderseite des Hosenbeins gesteckt werden. Nicht an der Jeans herumzuppeln, weil der Flicken sonst verrutscht.
4. Sobald der Flicken um den Riss herum festgesteckt ist, gehts an die eigentliche Gedulds- und Fleißarbeit. Jetzt ziehen Sie nämlich einen gut 60 cm langen, farblich passenden Garnfaden von der Rolle, fädeln ihn durchs Nadelöhr und ziehen ihn bis zur Mitte durch – auf diese Weise entstehen zwei Fäden von je 30 cm.
5. Verknoten Sie die beiden Garnenden, damit der Faden beim Nähen nicht entwischt und Sie mit der Frickelei nochmals von vorne anfangen müssen.

Fortsetzung auf der nächsten Seite

Fortsetzung

6 Männer, die kein Blut sehen können, schützen ihren Zeigefinger jetzt mit dem Fingerhut, die anderen machen ohne weiter. Von innen greifen Sie mit einer Hand ins Hosenbein hinterm Riss und halten dort den Stoff fest. Das eigentliche Nähen erledigen Sie mit der anderen Hand.

7 Der erste Stich geht von innen nach außen. Ziehen Sie die Nadel dabei ca. fünf Millimeter vom Rand des Risses entfernt durch den kräftigen Jeansstoff. Dann den Faden durchziehen.

8 Jetzt wird die Nadel in einem Zug durch das Äußere der Jeans an den Flickenrand gezogen und danach durch den Flicken einige Millimeter von der ersten Einstichstelle entfernt wieder zurückgeholt. Im Grunde genommen klöppeln Sie kleine Schleifchen um den Rand des Flickens. Putzig, oder?

9 An den anderen Kanten des Flickens wird die Umnähaktion wiederholt. Wenn Sie wieder am Anfang (d. h. am ersten Einstich) sind, wird der Faden ritscheratsche mit der Schere abgeschnitten – dito evtl. überstehende Restfäden.

Armstrong
Armstrong
EXCELON TILE
Armstrong

KAPITEL

5

FÜR TÜFTLER UND BASTLER

Okay, Ihr Zuhause hat sich also vom Saustall zum Show-Room gemausert. Schön und gut, aber der Job eines echten Kerls beginnt und endet natürlich nicht damit, einen Berg Unterwäsche zu falten und wegzuräumen. Deshalb gilt es jetzt, sich wieder an Hammer, Akkubohrer und andere alte Bekannte zu gewöhnen. Denn mit Kommoden Marke Eigenbau schinden Sie nicht nur bei den Mädels Eindruck, Sie gewinnen auch mehr Selbstvertrauen. Es ist doch so: Wer mit links Regale zimmern, Kacheln erneuern oder Rigipsplatten austauschen kann, würde – selbst wenn er nur mit Streichhölzern und Taschenmesser bewaffnet wäre – problemlos auch in der Wildnis klarkommen.

DIE WERKSTATT

Für eine ordentliche Werkstatt braucht man Platz. Die meisten Jungs müssen sich mit einem Winkel in der Garage zufrieden geben, wo gerade mal eine Werkbank, Werkzeugschränke, Regale und bestenfalls noch eine Kreissäge hinpassen. Wenn Sie dagegen in der komfortablen Lage sind, die komplette Garage zum Werkeln nutzen zu können, liegt Ihnen die ganze Handwerkerwelt zu Füßen: Kaufen Sie so viel Werkzeug, wie Sie wollen – Platz, um das alles unterzubringen, ist ja genug da.

Ob groß oder klein, in jeder guten Werkstatt müssen ein paar Bedingungen erfüllt sein: genug Stauraum, ausreichend Licht, gute Lüftung, das Werkzeug muss leicht zugänglich sein und vor allem brauchen Sie eine aufgeräumte Tischplatte oder Werkbank.

Metallregale eignen sich prima, um schwere Elektrogeräte zu lagern.

Die Werkzeugtafel ist ein Muss, egal ob sie an der Wand über der Werkbank hängt oder vom Boden bis zur Decke reicht. In die vorgebohrten Löcher kommen Metallhaken für Verlängerungskabel und Werkzeug.

In einfachen, türlosen Hängeschränken über der Werkbank lassen sich Lappen, Farbdosen, Ersatzteile, Rohrstücke und Reinigungsmittel lagern.

Flache Schubladen, die unter der Werkbank hängen, sind ideal für Schrauben, Nägel Scharniere und anderen Eisenkram.

An der Werkzeugtafel wird alles ordentlich zusammengehängt: Zangen neben Zangen, Sägen neben Sägen, und Bohrmaschinenteile zueinander.

Suchen Sie sich einzelne Schubladen, in die entweder NUR Schraubenzieher oder NUR Steckschlüssel hineinkommen. Wenn Sie den Ladenboden mit 'ner Schicht Schaumstoff auslegen, purzeln die Teile nicht bei jedem Öffnen der Schublade wild durcheinander.

Werkzeug, das Sie regelmäßig brauchen, wie etwa Hammer, Kreuzschlitzschlüssel oder Akkubohrer, hängen Sie am besten so auf, dass Sie immer leicht Zugriff haben.

ALLGEMEINE TIPPS FÜR HEIMWERKER

Überlegen Sie vor jeder Reparatur, ob Sie diese Arbeiten auch tatsächlich fachgerecht und unfallfrei hinkriegen. Es ist Ihrem Image abträglich, wenn Sie im Nachhinein kleinlaut einen Profi bemühen müssen, der in Ordnung bringt, was Sie zuvor verbockt haben. Und keiner Freundin oder Ehefrau macht es Spaß, bei der Suche nach Fingerteilen zu helfen, die Sie eben mit der Kreissäge abgesäbelt haben.

Fangen Sie nicht mit der Arbeit an, bevor Sie das richtige Werkzeug und erforderliche Material für den Job zusammenhaben.

Reparaturarbeiten verursachen Staub und Schmutz! Öffnen Sie das Fenster, damit der Sägestaub abziehen kann. Decken Sie Möbel und Teppiche, Fliesen- oder Holzböden vor einem Anstrich des Zimmers ab.

Wenn alles vorbei ist: Aufräumen nicht vergessen!

DAS WERKZEUG

Wenn ein neues Stauregal gebaut oder ein Parkettboden repariert werden soll, ist ein Mann ohne Werkzeug so hilflos wie ein Tiger ohne Krallen. Und das beste Werkzeug nützt nichts, wenn es nicht zur Hand ist. Für einen guten Heimwerker besteht der erste Schritt auf dem Weg zum Erfolg deshalb darin, seine Werkstatt allzeit so aufgeräumt zu haben, dass er im Notfall auch den kleinsten Schraubenzieher sofort wiederfindet.

Grundausstattung

185-mm-Kreissäge

12-V-Akkubohrer mit Bohrköpfen

Tischsäge

Fräsmaschine

Verlängerungskabel

Zimmermannshammer

1 Satz Kreuzschlitz- und Längsschlitzschraubendreher

Bandmaß aus Metall

1 Satz Stemmeisen

Wasserwaage (1 m Länge)

Laubsäge

Quersäge

Bügelsäge

Zusammenklappbare Sägeböcke

Nadelzange

Gleitgelenkzange

Rohrzange

Rollgabelschlüssel oder Engländer

Stanleymesser (bzw. Glasschaber) mit Klingen

Ein gutes Heimwerkerbuch (erhältlich im Buchhandel oder übers Internet)

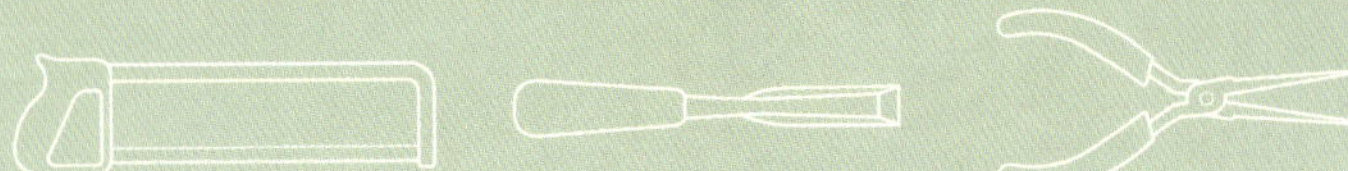

SCHUBLADEN IM EIGENBAU

Schubladen oder Holzboxen sind eine prima Möglichkeit, System ins Chaos zu bringen. Sie können in den verschiedensten Größen gebaut werden, um alles mögliche Zeug zu verstauen. Egal wie groß die Schublade wird, achten Sie darauf, dass sie in Höhe und Breite 2,5 cm schmaler und 8 cm weniger tief ist, als das Volumen der Schubladenhalterung beträgt.

Sie benötigen

2 Sperrholzplatten (11,5 x 48 x 1 cm) für die Seiten

2 Sperrholzplatten (11,5 x 35 x 1 cm) für Front- und Rückseite

1 Sperrholzplatte (11,5 x 48 x 0,5 cm) für den Boden

1 Sperrholzplatte (17 x 42 x 1 cm) als Sichtblende

Hammer

versenkbare Nägel (3,5 cm lang)

Schraubendreher

Holzschrauben (3 cm lang)

Schubladengriff

UND SO GEHTS

1. Nachfolgend ein einfacher Plan für eine 40 cm breite, 15 cm hohe und 56 cm tiefe Schublade. Im Prinzip ist es bloß eine einfache Holzkiste, allerdings mit einer Frontblende (für die bessere Optik) – schließlich soll das Ding ja auch vorzeigbar sein.
2. Die Maße der Seitenplatten beziehen sich auf eine Bodenstärke von 5 mm, die Maße der Vorder- und Hinterplatten auf Seitenplatten, die 1 cm dick sind.
3. Die Seitenplatten machen Sie an den Vorder- und Hinterplatten fest, indem Sie schwungvoll alle Nägel einschlagen. Mit dem Boden verfahren Sie ebenso.
4. Nun wird die Frontblende auf dem Vorderbrett angeschraubt; dazu schrauben Sie die Holzschrauben von der Innenseite durch das Brett in die Blende. Vorsicht, nicht zu doll andrehen, sonst entstehen Risse in der Blende.
5. Zu guter Letzt wird der Schubladengriff in der Mitte der Frontblende angebracht. Fertig!

REGALE IM EIGENBAU

Je mehr Regale Sie haben, desto mehr Platz entsteht, um Ihrem Jäger- und Sammlertrieb zu frönen – auf Wand-, freistehenden Metall- oder stabilen Holzregalen mit verzapften Böden. Weil Sie ja nicht gleich ein Tischlergesellenstück zuwege bringen müssen, greifen wir uns ein paar Bretter und Kanthölzer, um ein einfaches robustes Bücherregal zu zimmern.

Sie benötigen

- **2 Bretter (180 x 2,5 x 25 cm)**
- **12 Kanthölzer (22 x 2,5 x 2,5 cm)**
- **6 Regalböden (100 x 2,5 x 25 cm)**
- **Sperrholzplatte, Stärke 5 mm**
- **6 Profilleisten (100 x 2,5 x 5 cm)**
- **Bandmaß und Bleistift**
- **Bohrmaschine**
- **Flachkopf-Holzschrauben (3,5 cm)**
- **Schraubendreher**
- **Elektrosäge**

UND SO GEHTS

1. Legen Sie beide längeren Bretter (180 cm) auf den Boden, das werden die Seitenteile. Von dem Rand, wo später mal die Hinterseite des Buchregals sein wird, messen Sie 2,5 cm ab und markieren die Stelle mit dem Bleistift. Davon ausgehend zeichnen Sie alle 35 cm eine Markierung für die Regalböden ein.

2. Nun gehts ans Schrauben: An jeder Markierung wird ein Kantholz – bündig zur Regalbodenbreite – festgeschraubt. Damit die Kanthölzer beim Andrehen der Schrauben nicht splittern, müssen Sie VORHER in jedes Holz noch drei Löcher in gleichem Abstand hineinbohren (siehe Abb. A).

3. Wenn Sie mit allen Kanthölzern durch sind: Den ersten Regalboden am untersten Kantholz ansetzen (Achtung: der Boden muss rechtwinklig aufgesetzt sein!), zwei Schrauben in gleichem Abstand durch das Seitenteil in den Regalboden schrauben – auch hier erleichtern vorgebohrte Löcher die Arbeit. Dann den späteren obersten Boden montieren und den provisorischen Rahmen auf die Seite kippen.

Fortsetzung auf der nächsten Seite

Fortsetzung

4 Nun schrauben Sie die andere Seite des Seitenteils fest (siehe Abb. B) und danach in gleicher Manier die übrigen Regalböden.

5 Jetzt wird die Sperrholzplatte für die Rückseite passend zugeschnitten und mit Schrauben – jeweils im Abstand von 25 cm – festgemacht (siehe Abb. C).

6 Zum Abschluss werden die Profilleisten montiert, die quasi als „Miniblenden" dienen, um die hässlichen Bodenträger zu kaschieren. Leisten bündig am Unterrand des Regalbodens anlegen und von der Außenseite mit Holzschrauben fixieren (siehe Abb. D).

Abb. A

Abb. B

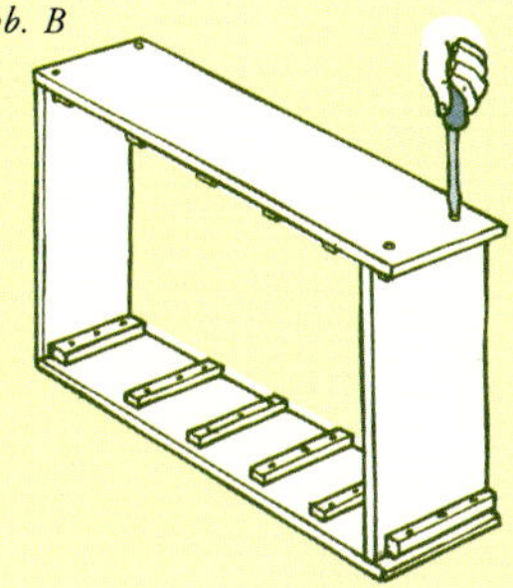

Abb. C

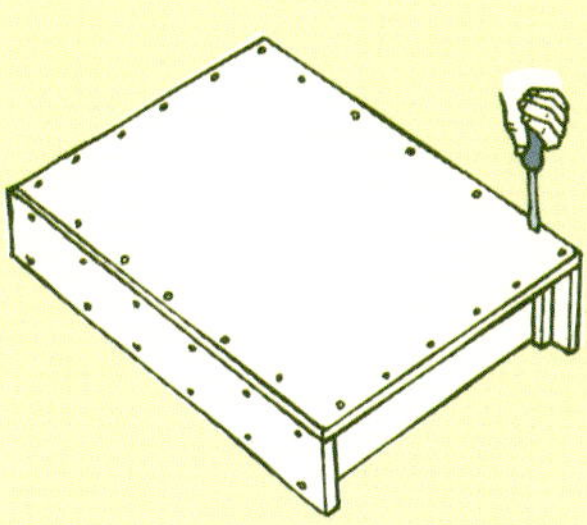

Abb. D

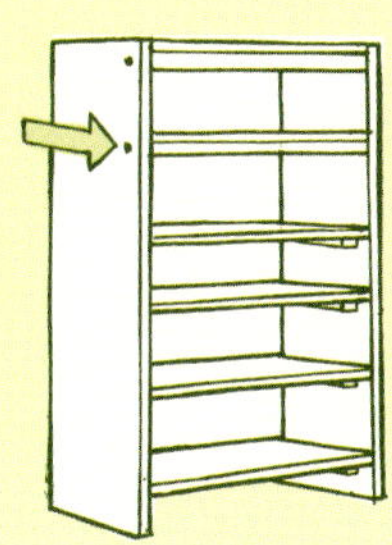

SCHRÄNKE IM EIGENBAU

Ein Schrank ist nix anderes als eine Kiste aus zwei Seitenteilen, einem Ober- und Unterteil, einer Hinterwand und einer Tür. Nachdem Sie noch ein paar Regalböden oder Schubladen eingebaut haben, können Sie hier bunkern, was das Herz begehrt. Einen Schrank zu bauen ist eigentlich Kinderkram – vorausgesetzt, man hat gutes Werkzeug. Endlich ein Grund, sich die lang erträumte Power-Bohrmaschine zu kaufen!

Sie benötigen

Sperrholzplatte (2,5 cm Stärke)

Sperrholzplatte (2 cm Stärke)

Kreissäge

Bandmaß

Bleistift

Wanknutsäge oder Taumelsäge mit 2-cm-Sägeblatt

Elektrobohrmaschine

Hammer

versenkbare Nägel (6 cm)

UND SO GEHTS

1. Messen Sie von den 2,5 cm starken Sperrholzplatten zwei Platten (60 x 75 cm) ab und schneiden Sie die späteren Seitenteile mit der Kreissäge zu.
2. Zeichnen Sie bei jeder Platte 2,5 cm von der Unterkante entfernt 'ne Linie an. An dieser Stelle wird die Nut eingeschnitten – in unserm Fall eine 2 cm breite und 8 mm tiefe Rille innen im Schrankkorpus, damit der Schrankboden festsitzt.
3. Schneiden Sie die Nut mit der Tischsäge (mit Spezialsägeblatt von der Wanknut-/Taumelsäge) der Linie entlang ins Holz.
4. Sägen Sie weitere Nuten jeweils oben und unten in die beiden Seitenteile. So entstehen insgesamt vier Rillen, die je etwa acht Millimeter tief sind und später die Federn – das sind so eine Art lange Wulste oder Leisten an Bauteilen – der Sperrholzrückseite und der Schrankoberseite aufnehmen werden.

Fortsetzung auf der nächsten Seite

Fortsetzung

5 Nun wird der Boden von der Sperrholzplatte mit 2 cm Stärke abgemessen. Nicht vergessen, dass da ja noch die 2 cm breite Nut auf der Innenseite der Seitenplatten ist (schließlich soll der Boden nicht breiter als die Aussparung werden!), ganz zu schweigen von der 8 mm tiefen Feder. Alles mit der Kreissäge ausschneiden.

6 Jetzt den Boden in die Aussparungen an den beiden Seitenteilen schieben, sodass die Vorderkante mit den Seitenkanten bündig abschließt, und alle Nägel von der Außenseite der Wangen durch die Nut hindurch in den Boden hämmern.

7 Als Nächstes wird der Deckel abgemessen. Dessen Tiefe muss der Breite der Wangen entsprechen, und seine Breite ist genauso lang wie der Abstand der inneren Wangenkanten plus noch mal 2 cm (für die beiden Federn). Wenn Sie alles sauber gemessen haben, können Sie den Deckel zurechtschneiden.

8 In die hintere Unterseite der Deckelplatte kommt (zur Verstärkung der Rückwand) wieder eine Nut – so, dass sich die Enden sauber in die Federn einfügen. Mit den Nägeln – alle 10 cm einen einschlagen – den Deckel an den Seiten fixieren.

9 Rückseite ausmessen, zuschneiden und mit den Nägeln festkloppen.

10 Als Letztes die Front: Als Blenden nageln Sie 2 cm starkes Sperrholz – jeweils mit den Maßen 2,5 x 5 cm – über die Ränder von Wangen, Deckel und Boden.

TIPP

- ✓ Lieber doppelt und dreifach ab-/nachmessen, als sich einmal zu verschneiden.
- ✓ Wenn der selbst gebaute Schrank später in Küche, Bad oder anderen Feuchtbiotopen stehen soll, müssen Sie unbedingt spezial behandeltes Sperrholz verwenden, weil unbehandeltes Sperrholz bei Kontakt mit Wasser oder Feuchtigkeit quillt, sich verzieht oder sogar ausbricht.

LÖCHER IN TROCKENBAUWÄNDEN

Die meisten Aufräum- und Reparaturaktionen fallen regelmäßig dann an, wenn man gerade eine große Party schmeißen will. Es kommt aber auch vor, dass man sich in der Rolle eines mitternächtlichen Restaurateurs wiederfindet, der ein oder zwei Löcher in der Wand flickt, wenn die Gäste wie die Hunnen gehaust haben und der letzte Besucher endlich weg ist.

Sie benötigen

Stichsäge

Stanleymesser (oder Glasschaber) mit Klingen

Rigips- oder Gipskartonreste

Bohrer

Rigipskleber

Kittmesser und Spachtelmasse

Rigipsdichtband bzw. -rissband

feinkörniges Sandpapier

UND SO GEHTS

1. Aus einem runden Loch – das z. B. durch einen Faustschlag oder Stiefeltritt entstanden ist – machen Sie mithilfe der Stichsäge ein viereckiges.
2. Überstehende Gips- oder Tapetenreste mit dem Stanleymesser/Glassschaber abschneiden oder herausbrechen. Die Ränder müssen sauber sein.
3. Ein Stück Rigips oder Gipskarton auf den Durchmesser des Lochs plus 5 cm zuschneiden. Dieser Flicken wird die Hinterplatte.
4. Ein gut fingerdickes Loch in die Mitte unserer Hinterplatte bohren.
5. Rigipskleber auf die Vorderseite der Hinterplatte klatschen und auf die Ränder verschmieren.
6. Die Hinterplatte so ins Loch frickeln, dass sie genau passt. Die Platte mit einem durch das „Fingerloch" gesteckten Finger mehrere Minuten lang anziehen und festhalten, bis der Kleber endlich trocken ist.

Fortsetzung auf der nächsten Seite

Fortsetzung

7 Für das „echte" Flickerl ein Stück Rips so groß wie das Loch zuschneiden.

8 Die Rückseite des Flickstücks ebenfalls mit Kleber einschmieren.

9 Jetzt können Sie das Flickstück ins Bruchloch einpassen, sodass es gut auf der Hinterplatte sitzt. Festhalten und warten, bis der Kleber getrocknet ist.

10 Mit dem Kittmesser eine dünne Schicht Spachtelmasse auf die Ränder unseres Flickstücks verteilen und sie anschließend mit dem Rissband überkleben.

11 Eine Schicht Spachtelmasse über das Band und das ganze Flickstück verteilen, und zwar besonders an den Rändern, die man hinterher (d. h. nach dem Überstreichen) nicht mehr sehen sollte. Das Ganze darf jetzt in Ruhe trocknen.

12 Die gespachtelte und furztrockene Fläche mit feinem Schmirgelpapier glätten.

13 Die Wand nachstreichen, damit man den Flicken nicht mehr sieht.

HINWEIS

✓ Wenn Sie keinen Bock haben, die Hinterplatte stundenlang mit dem Finger zu halten, hilft ein einfacher Trick: Sie binden einen Stift an eine Schnur, stecken ihn durch das Loch und ziehen an. An das andere Ende der Schnur kommt als Gegengewicht ein kleines Kantholz.

REPARATUREN AM KAMIN

Als stolzer Besitzer eines offenen Kamins merken Sie schnell, dass dieser im Nu die Aufmerksamkeit eines jeden Besuchers auf sich zieht. Raffiniert, wie Sie sind, haben Sie rein zufällig eine Whiskyflasche auf dem Kaminsims stehen, und ein schnuckeliges Lammfell lädt zum Verweilen ein. Um die romantische Stimmung nicht zu gefährden, haben Sie natürlich vorher den Ruß von den Backsteinen geschrubbt oder – sofern gewisse Verfallserscheinungen zu sehen waren – den Kamin komplett gestrichen oder erneuert. Eine antike, restaurierte oder auch neue Kaminfassung bringt Klasse in die kleinste Hütte – und lässt sich relativ einfach installieren.

Sie benötigen

neue oder antike Kamineinfassung

Brecheisen oder Zimmermannshammer

Holzkeile

Bleistift

Wasserwaage

Holz- oder Plastikkeile

Elektrische Bohrmaschine und Bohrer

versenkbare Nägel (9 cm)

UND SO GEHTS

1. Zunächst kommt die alte Kaminfassung mithilfe von Brecheisen oder Zimmermannshammer runter. Achtung: Beim Ansetzen der Brechstange einen Keil oder ein anderes Stück Holz zwischen Werkzeug und Kacheln oder Verputz setzen.
2. Wenn die alte Kaminfassung ab ist, merken Sie sich, an welchen Stellen sie mit Bolzen in der Wand befestigt war.
3. Passen Sie die neue Kaminfassung in die Öffnung ein.
4. Mit der Wasserwaage, die Sie auf das Sims legen, richten Sie die Fassung so aus, dass sie gerade ist. Die untergeschobenen Keile helfen Ihnen bei diesem frickeligen Job (siehe Abb. A).

Fortsetzung auf der nächsten Seite

Hammer

Nageltreiber

Holzspachtelmasse

Dichtmasse mit Pistole

Farbe (falls gewünscht)

Fortsetzung

5 Mit einem Bohrkopf, der etwas schmaler ist als die Nägel, die Sie später verwenden möchten, bohren Sie an Oberkante und Seiten jeweils im Abstand von 25 cm Löcher durch das Sims in die Wand.

6 Durch die vorgebohrten Löcher werden nun Senkkopfnägel eingeschlagen, um das Sims auf der Wand zu befestigen (siehe Abb. B).

7 Mit dem Nageltreiber drücken Sie die Nägel gefühlvoll unter die Holzoberfläche und füllen die Löcher mit farblich passender Holzspachtelmasse.

8 Versiegeln Sie die Spalten zwischen Sims und Wand; wenn Sie wollen, können Sie das Ganze noch anstreichen – allerdings nur dann, wenn die Fassung nicht aus Mahagoni, Eiche oder anderen Edelhölzern besteht!

Abb. A

Abb. B

FLIESEN ODER KACHELN AUSTAUSCHEN

Gesprungene oder lose Badezimmerkacheln machen all Ihre Putzbemühungen zunichte – der Gesamteindruck ist und bleibt schäbig. Auch ziehen kaputte Fliesen Schimmel schneller an, als Sie putzen können.

Sie benötigen

Kerbmesser mit Karbidschneide

Hammer

Meißel

Kittmesser

Mörtel

Gummihandschuhe

Fugenzement

feuchten Lappen oder Putztuch

UND SO GEHTS

1. Mit dem Kerbmesser kratzen Sie die gesamte Fugenmasse um die gebrochene Kachel herum weg.
2. Anschließend brechen Sie die Kachel mit Hammer und Meißel heraus. Nichts darf mehr an der Wand kleben; auch alle Speis- und Mörtelreste müssen abgekratzt werden.
3. Einen ordentlichen Schuss Mörtel auf die neue Kachel auftragen, Fliese einfügen und anpressen, bis sie mit den umliegenden Kacheln plan liegt.
4. Mit Gummihandschuhen schmieren Sie rund um die neue Kachel Fugenzement in die Ritzen.
5. Eine Viertelstunde abbinden lassen, dann den überflüssigen Zement mit einem feuchten Tuch abwischen. Wenn Sie noch Ritzen oder Löcher sehen, noch einmal Fugenzement auftragen.

GEBOTE UND VERBOTE

✗ Lassen Sie keinen Fugenzement oder Mörtel auf den anderen Kacheln eintrocknen.

✓ Eingetrockneten Fugenzement oder Mörtel behutsam abkratzen.

KNARRENDE DIELEN REPARIEREN

Dielen knarren, wenn sich die Holzbohlen bzw. der Unterboden verzogen haben, sodass ein kleiner Zwischenraum entstanden ist. Wenn man nun über den Boden tapert und auf so einen Hohlraum tritt, reibt sich die Bohle an einem Nagel oder einer benachbarten Bohle – die Diele knarrt. Solche Geräusche können ziemlich nervtötend sein, vor allem nachts.

Sie benötigen

Elektrobohrmaschine mit 2,5-mm-Bohrer

Hammer

versenkbare Nägel (6 cm)

Nageltreiber

Holzspachtelmasse

UND SO GEHTS

1. Zuerst müssen Sie den Poltergeist im Boden finden. Dort bohren Sie zwei kleine Löcher von oben durch die Bohle. Die beiden Löcher sollten 5 cm voneinander entfernt sein, im Winkel zueinander stehen und bis in den Unterboden reichen.
2. Klopfen Sie durch jedes Loch einen Nagel in den Boden.
3. Drücken Sie den Nagelkopf mit dem Nageltreiber so tief in das Holz, dass nichts mehr heraussteht.
4. Die Löcher mit Holzspachtelmasse zuspachteln.
5. Das Prozedere an anderer Stelle wiederholen.

GEBOTE UND VERBOTE

✗ Den Nagel nicht so weit einhämmern, dass der Hammer eine Macke schlägt.

✓ Der besseren Optik halber verwenden Sie eine Spachtelmasse in der Farbe Ihres Holzbodens.

LÖCHER IM HOLZBODEN REPARIEREN

Es ist keine besonders geniale Idee, einen Metallspind über ein Fischgrätparkett zu ziehen. Das können Sie nur noch toppen, indem Sie eine Bowlingkugel darauf fallen lassen. Trotzdem passiert so was immer wieder.

Sie beötigen

unterschiedlich lange Dielenbretter mit Nut und Feder

Abklebband

Handkreissäge

Brecheisen

Hammer

versenkbare Nägel (6 cm)

Tischsäge

UND SO GEHTS

1. Am besten wechseln Sie das ramponierte Dielenbrett gleich komplett aus. So kann man keine Flickränder sehen, und außerdem fügt sich die neue Bohle optisch besser in den Holzboden ein.
2. Kleben Sie die Bohlen links und rechts von dem beschädigten Brett ab, damit Sie nicht versehentlich ein unbeschädigtes Teil austauschen.
3. Sägen Sie die schadhaften Bretter mit der Handkreissäge der Länge nach durch (siehe Abb. A). Sägen Sie nicht mehr als 2,5 cm tief, sonst haben Sie vielleicht schon die Zwischendecke aus Beton erwischt.
4. Mit dem Brecheisen rupfen Sie nun am Schnitt entlang die zertrennten Bohlen heraus, bis Sie den Unterboden sehen können.
5. Jetzt schneiden Sie entsprechend der entstandenen Lücke neue Bohlen passend zurecht und schieben die Nut der ersten Austauschbohle in die Feder der benachbarten, unbeschädigten Parkettdiele, bis die Nut dort fest einrastet (siehe Abb. B).

Fortsetzung auf der nächsten Seite

Fortsetzung

6 Hämmern Sie die Nägel jeweils im Abstand von 15 bis 20 cm durch die Bohlen in den Unterboden. Bei der letzten Bohle müssen Sie evtl. den unteren Rand der Feder absägen, damit das Brett ordentlich eingepasst werden kann (siehe Abb. C).

7 Wenn alle Dielen an Ort und Stelle sind, schmirgeln Sie die ganze Fläche ab und beizen alles in derselben Farbe (siehe Abb. D).

GEBOTE UND VERBOTE

✓ Passen Sie besonders an Stellen auf, wo beschädigte und intakte Bretter direkt nebeneinander liegen, da die Federn hier in null Komma nix brechen können.

Abb. A

Abb. B

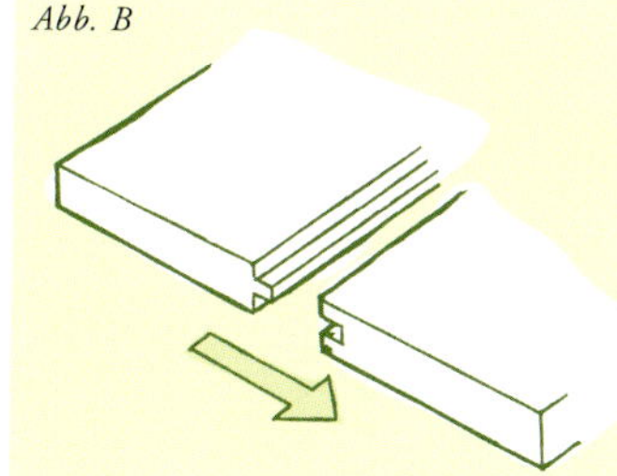

Abb. C

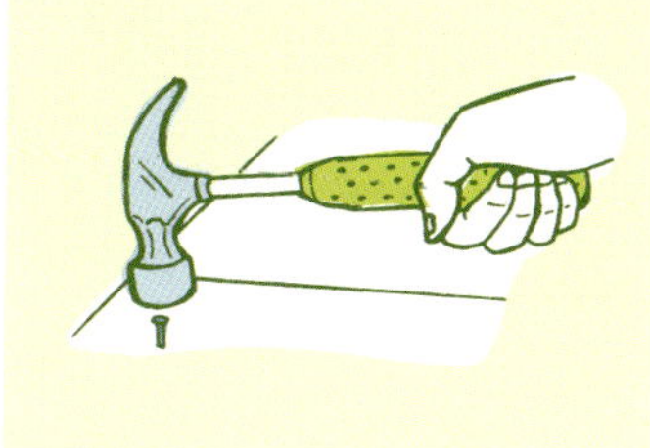

Abb. D

LAMPEN NEU VERKABELN

Manch schummriger, dunkler Raum bekommt durch mehr Licht eine völlig neue Atmosphäre; aber nicht immer will sich der gewünschte Effekt durch die Montage kruder Deckenstrahler einstellen. Wie wärs stattdessen mit einer coolen Lampe im Retro-Style vom Trödelmarkt, aufgemotzt mit schickem, neuem Lampenschirm? Aber Vorsicht: Korrodierte Stecker und ausgefranste Kabel zur Vermeidung von Kurzschluss und Kabelbrand unbedingt austauschen!

Sie benötigen

Schraubendreher

Drahtschneider

neues Kabel

Abisolierer oder Taschenmesser

neuen Netzteilstecker

UND SO GEHTS

1. Schrauben Sie den Lampenschirm und das altmodische Gestell ab, das ihn festhält (siehe Abb. A).

2. Den Sockel vom Lampenständer abschrauben und zusammen mit dem Kabel abziehen. Die äußere Hülle sowie die Plastikmanschette vom Sockel entfernen, um an die Lüsterklemmen, an denen das Anschlusskabel befestigt ist, heranzukommen.

3. Das alte Kabel mit dem Messer abtrennen und herausziehen; das Kabel an den Lüsterklemmen bleibt im Sockel. Das neue Kabel durch den Ständer und die obere Öffnung ziehen (siehe Abb. B).

4. Das neue Kabel analog dem durchgebrannten Vorgänger am Sockel montieren. Die Schrauben in den Lüsterklemmen lockern, um das alte Kabel zu entfernen. Mit dem Abisolierer/Taschenmesser an der Isolierungshülle des neuen Kabels etwas Gummilitze abschälen (siehe Abb. C) und die blanken Kupferdrähte in die Lüsterklemmen stecken.

Fortsetzung auf der nächsten Seite

Fortsetzung

5 Anschließend puzzeln Sie alle Bestandteile der Lampe wieder so zusammen, dass das Gerät aussieht wie vorher.

6 Um den neuen Netzteilstecker anzubringen, isolieren Sie das Kabelende – wie unter 4 beschrieben – ab, frickeln die blanken Drähte durch den neuen Stecker in die Lüsterklemmen, schrauben alles fest und schon wirds heimelig (siehe Abb. D).

GEBOTE UND VERBOTE

✗ Beim Hantieren mit Strom NIEMALS auf feuchtem Untergrund stehen!

Abb. A

Abb. B

Abb. C

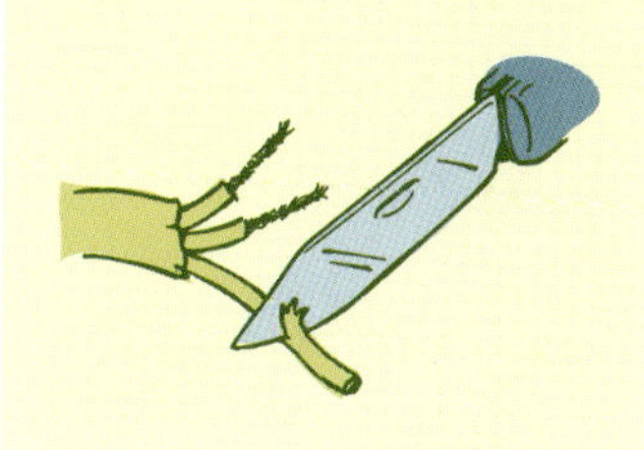

Abb. D

KAPITEL

6

INNEN-ARBEITEN

IM GROSSEN STIL

Soso, jetzt haben Sie also Ihre Bude einigermaßen im Griff. Doch wenn mittlere Krisen wie verstopfte Abflüsse, Wespennester unterm Dach oder Weißfäule im Gebälk auftauchen, können Sie noch sooft das Klo schrubben oder Regale zimmern – Ihre Hütte wird schneller vor die Hunde gehen, als Sie „Instandsetzung" murmeln können. Und gerade bei derart brisanten Arbeiten ist es oft besser, einen der Jungs aus den Gelben Seiten anzurufen, als den Schaden partout selber zu reparieren: Nicht nur wird man Sie für Ihre topgepflegten Wohnräume bewundern, Sie vermeiden auch, mit einem Herzinfarkt auf der Intensivstation zu landen.

GEPLATZTE ROHRE

Rohre platzen, weil das Wasser in ihnen bei minus 10 °C gefriert und sich ausdehnt, sodass Risse und Brüche entstehen. Geplatzte Rohre sind kein Zuckerschlecken, hier ist blitzschnelles Handeln angesagt: Leck provisorisch stopfen (wie, erfahren Sie weiter unten) und den Klempner anrufen!

Sie benötigen

Isolierband

Epoxyleim oder -kleber

Schraubzwinge

Schlauchschelle

dickes Gummituch

Schraubendreher

UND SO GEHTS

1. Haarrisse können Sie mit Isolierband flicken, ohne gleich alles Wasser aus der Heizung ablassen bzw. den Haupthahn absperren zu müssen. Beim Abwickeln des Bandes sollten sich die Ränder bei jeder Tour überlappen, sonst tropft es bald wieder.

2. Wenn das Provisorium länger als fünf Minuten halten soll, kommt als Dichtungsmaterial nur Epoxykleber infrage – vor allem, wenn der Riss in der Nähe vom Übergang zum Heizkörper sitzt. Wasser ablassen und Rohr gut abtrocknen!

3. Wenn das Wasser in sattem Fluss herausrinnt, sollten Sie erst mal checken, wo die lecke Stelle ist. Dann wird das Gummituch mehrmals fest um das Leck gewickelt. Halten Sie den schraubenlosen Arm der Zwinge von unten fest gegen das umwickelte Rohr; dann ziehen Sie den anderen Arm mit der Schraube fest. (Schraubzwingen gibt es in den unterschiedlichsten Formen; möglicherweise funktioniert Ihre Zwinge anders.) Alternativ können Sie das Gummi auch mit zwei, drei Schlauchschellen – je nach Größe des Lecks – fixieren.

Fortsetzung auf der nächsten Seite

Fortsetzung

4 Falls Sie das Wasser abgedreht oder abgelassen haben, können Sie die Leitung nun wieder fluten! Beobachten Sie, ob das Rohr noch irgendwo inkontinent ist.

HINWEIS

Damit Leitungsrohre auch bei tagelangem Dauerfrost nicht platzen, sollte der Thermostat rund um die Uhr auf niedrige Raumtemperatur (ca. 15° C) eingestellt sein. Die muss Väterchen Frost erst mal erreichen! Und lamentieren Sie jetzt nicht über Ökosteuer oder die sündhaft hohe Heizrechnung – ein geplatztes Wasserrohr zu erneuern kostet allemal mehr!

WÄRMEDÄMMUNG

Wenn Sie ein altes Haus gekauft haben und das nun winterfest machen wollen, sollten Sie vor allem an eine optimale Isolierung denken (obwohl das ja eigentlich Sache des Architekten war). Speicher, Spitzböden und Dachgeschosse sind oft nur schlecht wärmeisoliert, sodass Heizwärme ins Freie verpufft. Der Fußboden im Erdgeschoss ist die nächste Problemzone, vor allem wenn darunter keine Kellerräume sind. Also ab in den Baumarkt und Isoliermaterial kaufen! Am häufigsten führen die Fachmärkte dieses faserige Zeug aus Mineralien – so genannte Glasfaserwolle – und eine Art Isolierschaum, den man prima in Ecken und Ritzen sprühen kann.

ISOLIERUNG MIT MINERALFASERWOLLE

Dämmmatten aus Glasfaserwolle bringen Sie an, indem Sie einzelne Stücke mit einem Teppichmesser zuschneiden und fest gegen Wände bzw. in Deckenhohlräume drücken. Die Arbeit mit Glasfaser ist nicht ganz ohne: Die fitzelwinzigen Glasfasern sind messerscharf und können die Haut reizen oder mit der Atemluft in die Lunge geraten. Deshalb stets Staubmaske, Schutzbrille, Handschuhe und Klamotten mit langen Ärmeln tragen!

STOPFISOLIERUNG

Eine Stopfisolierung eignet sich für Spitzböden, Dachgeschosse und Außenwände; das Aufschäummaterial wird mithilfe einer Kartusche aufgetragen. Klarer Vorteil gegenüber Glasfaserwolle ist die kinderleichte Handhabe; außerdem bleiben keine Fugen übrig, durch die einem der Nordwind kalt um die Ohren pfeift. Glasfaser und Dämmwolle werden als loses Füllmaterial verwendet, allerdings gewinnt Zellulose – sicherlich der Umwelt zuliebe, da sie hauptsächlich aus recyceltem Altpapier besteht – immer mehr Fans im Baumarkt.

UND SO GEHTS

1. Zuerst pirschen Sie sich ins Dachgeschoss und schauen nach, ob sich dort Waschbären, Siebenschläfer oder anderes Getier einquartiert haben. Die kleinen Racker nutzen Iso-Material nämlich gerne für eigene Bauprojekte. Da hilft nur eins: Neues Material rein und Nager raus.

2. Die Innenflächen des Speichers/Dachbodens sollten komplett mit Glaswolle bzw. Stopfisolierung abgedeckt sein. Wo Iso-Material fehlt, muss neues nachgestopft werden.

3. Na logo, auch die Speichertür wird isoliert. Wenn man nur über eine Luke (oft mit einer Einschubtreppe) in den Spitzboden gelangen kann, bringen Sie auf der Lukentür eine passende Spanplatte an, auf die Sie vorher Glaswolle getackert haben.

4. Trotz aller Angst vor Wärmeverlusten durch ungedämmte Wände sollte man den Bogen nicht überspannen und allzu stark isolieren: auch Dachräume brauchen ein Minimum an Belüftung. Andernfalls steht gleich das nächste Problem auf der Matte – Bildung von Tau- und Kondenswasser, die u. a. feuchte Wände und Schimmelpilzbefall im Schlepptau hat.

5. Was Hohlraumwände in alten Häusern anbelangt, so ist Geiz alles andere als geil; solche Wände lassen Sie am besten vom Fachmann reparieren, da man hier teures Spezialgerät benötigt. Wenn die Profis ins Haus kommen, bohren sie im Abstand von ca. einem halben Meter etwa hühnereigroße Löcher in die Wände; über einen Schlauch wird der Hohlraum der Wand nun mit Zellulose oder anderem Füllmaterial vollgestopft. Zum Schluss noch die Bohrlöcher zuschäumen, dann Farbe drüber, und kein Schwein bemerkt was von der Reparatur.

HEISSWASSERBOILER

Wasserboiler sind eigentlich recht zuverlässige Burschen, die jedoch mit leichter Boshaftigkeit den Dienst meist mitten im Winter quittieren. Auch Boiler brauchen Streicheleinheiten – vor allem eine Therme, die mehr als zehn Lenze zählt. In dieser Situation können Sie die Ursachen des Kesselstreiks erkunden – oder doch einen neuen Wasserboiler kaufen?

UND SO GEHTS

1. Wenn das heiße Wasser nicht einmal für nur einmaliges Duschen reicht (und Sie leben zu zweit), sollten Sie vielleicht den Thermostat etwas höher stellen (oft ist das ein roter Knopf am Wassertank). Wenn das keinen Erfolg bringt, ist die Installation eines größeren Wassertanks angesagt.
2. Bei zu heißem Wasser den Thermostat niedriger stellen. Wenn Sie dann immer noch wie ein Brühwürstchen aus der Dusche steigen, hilft nur noch der Klempner.
3. Falls das Wasser gar keine thermischen Gefühle mehr zeigt, ist entweder die Zündflamme aus (Gastherme) oder die Sicherung hinüber (Elektrotherme). Im zweiten Fall schalten Sie den Strom wieder ein (Sicherungskasten). Um die Zündflamme anzumachen halten Sie sich an die Anleitung. Oft wird ein Drehschalter bis zur Zündstellung gedreht, einige Sekunden gedrückt und die Flamme per Streichholz entzündet. (Moderne Gasgeiser haben dafür 'nen Druckknopf.)
4. Bei Gasgeruch sofort Haupthahn zu, Fenster auf und Profi rufen.

HINWEIS

✓ Manch ökonomisch denkender Zeitgenosse löscht nachts die Dauerflamme, um so Gas zu sparen. Energie- und kostentechnisch glatter Humbug, freut so was nur die Streichholzindustrie.

WARTUNG EINES BOILERS

Wie alle Haushaltgeräte können auch Boiler ihre Aussetzer haben. Wobei „Aussetzer" noch relativ harmlos klingt. Malen Sie sich mal 'nen echt saukalten Wintertag aus, und Ihre Bude vergletschert! Damit Ihrem Boiler ein langes, geruhsames Leben beschieden ist, muss er einmal im Jahr durchgecheckt werden – vom Schornsteinfeger. Risikofreudige Zeitgenossen können sich stattdessen auch an die folgenden Anweisungen halten:

Sie benötigen

langstielige Drahtbürste

Staubmaske

Industriestaubsauger

Isolierband

UND SO GEHTS

1. Sperren Sie den Hauptgashahn zu und drehen Sie die für den Boiler zuständige Sicherung raus.
2. Befreien Sie die Brennkammer mit der langstieligen Drahtbürste von Ruß und Dreck. Als Atemschutz empfiehlt sich eine Staubmaske, während Sie den losgekratzten Klumpatsch am besten mit dem Industriestaubsauger (Seite 58) aufsaugen.
3. Jetzt den verdreckten Luftfilter austauschen. Sie finden ihn in einem Schacht an der Stelle, wo das Metallrohr aus dem Boiler herauskommt.
4. Knöpfen Sie sich den Ventilator vor: Läuft er einwandfrei? Sitzt sein Keilriemen stramm? Checken Sie die Ableitungsrohre und verstärken sie bei Bedarf mit Isolierband.
5. Das wäre überstanden – aber Ihnen ist hoffentlich auch klar, dass Sie sich mit dieser Reinigungsaktion sämtliche Garantieansprüche gegenüber dem Hersteller verscherzt haben.

BOCKKÄFER UND ANDERE HOLZPARASITEN

Holzböcke, Parkett- und Splintholzkäfer oder schädliche Pilze, die im Holz Weißfäule oder Braunfäule hervorrufen, können Möbel und Gebälk beachtlich schädigen. Achten Sie auf Frühsymptome wie Bohrlöcher, bröckeliges Holz und ausgeworfenes Bohrmehl. Ein besonderer Fiesling ist der Gemeine – der Name ist Programm – Nagekäfer oder Klopfkäfer (wissenschaftlich Anobium punctatum), ein schwarz-brauner, knapp 5 mm großer Geselle, für dessen wurmförmige Larven Dachsparren und barocke Bauernschränke ein wahrer Festschmaus sind.

Sie benötigen

Taschenlampe

Schraubendreher

alte Klamotten, die dreckig werden dürfen

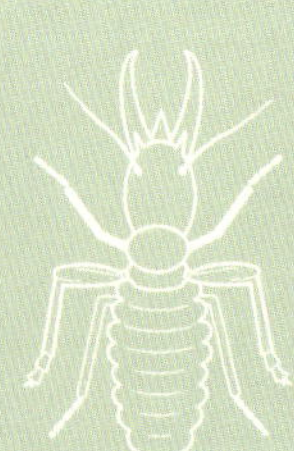

UND SO GEHTS

1. Erst mal wollen Sie wissen, ob und wo das Holz angefault ist. Tapern Sie einmal ums ganze Haus herum und inspizieren alle Stellen, wo Holzteile den Boden berühren (z. B. Ritzen, Fenstersimse und Holztreppen – Nassbereiche nicht vergessen).
2. Hinweise für den Holzwurmbefall sind Bohrlöcher und feiner Staub.
3. Um Stellen mit Braunfäule im Holz zu finden, müssen Sie bei den Balken und Bohlen nach Rissen, abgeplatzter Farbe, bröckelndem, braunem Holz und Pilzbefall – besonders wenn die Pilze in der Nähe von Rohren wachsen – Ausschau halten.

Fortsetzung auf der nächsten Seite

Fortsetzung

4 Um Trocken- oder Weißfäule aufzuspüren, suchen Sie nach Rissen und weißen, staubartigen Streifen oder Flecken auf dem Holz.

5 Stochern Sie mit dem Schraubenzieher an verdächtigen Stellen in das Holz. Wenn der Schraubenzieher das Holz sauber durchbricht und mit Schmackes einige Zentimeter einsinkt, haben Sie es ziemlich sicher mit irgendeinem Holzschädling aus dem Tier- oder Pilzreich zu tun.

6 Natürlich muss man einen Heidenaufwand betreiben, um die Plagegeister wieder loszuwerden. So sieht die klassische altbewährte Methode der chemischen Keule vor, das befallene Holz großzügig mit Insektizid zu durchtränken.

HINWEISE

✓ Trockene Fundamente sind die besten Garanten zur Vorbeugung von Holzfäule. Regenwasser sollte über Traufe und Fallrohr direkt in das Kanalsystem geleitet werden, sodass sich in der Nähe Ihres (Holz-)Hauses keine Pfützen bilden können. Ersatzweise hilft auch eine große Regentonne.

✓ Lüften Sie gut, damit sich im Haus weniger Feuchtigkeit bildet. Zu starkes Heizen kann das Pilzrisiko ebenfalls erhöhen. Warme Luft bildet leichter Niederschläge, Kondenswasser läuft die Rahmen hinab – ein heimeliges Ambiente für jeden Holz zersetzenden Pilz.

GUTE RAUMLUFTQUALITÄT

Damit ist nicht das rudelweise Aufstellen von Duftkerzen gemeint, um so dem Mief in Ihrer Bude den Garaus zu machen. Vielmehr sollten Sie ganz im Gegenteil versuchen, derartigen Räucherkram dauerhaft aus Ihrem Umfeld zu verbannen – Gleiches gilt für Zigarettenqualm, Katzenhaare, Beifußpollen, Hausstaubmilben und alles andere, was sanft durch die Lüfte schwebt und unsere Atemwege attackiert.

UND SO GEHTS

1. Die durchschlagendste und billigste Lösung für saubere Luft in Ihren Räumen besteht darin, die Wohnung zur staubfreien Zone zu erklären – ein Motto, das nur bei regelmäßigem Staubwischen, -saugen und Wischen tatsächlich aufgeht.
2. Sollten die tagelangen Niesanfälle nicht verschwinden, müssen drakonischere Maßnahmen greifen: Die Fenster bleiben bei starkem Pollenflug geschlossen. Raucher dürfen nur draußen rauchen. Katze, Hund und Co. können ab sofort, so oft sie wollen, ins Freie, das Schlafzimmer hingegen ist für sie ab jetzt tabu.
3. Wenn auch diese Maßnahme nicht greift, sollten Sie sich spezielle Luftfilter kaufen, die Staub- und Schwebeteilchen aus der Luft wegfangen.
4. Am preiswertesten sind so genannte Einmalfilter, die meist aus einem Papprahmen mit einem Filter aus Glasfaser bestehen; diese Geräte sollten etwa alle zwei Monate ausgetauscht werden. Sie kennen diese Art Filter vom Staubsauger, wo sie den Motor vor dem aufgewirbelten Staub schützen.
5. Tragbare Luftfilter, die mich irgendwie an kubisch-zylindrische Mini-Mülleimer aus einer anderen Galaxie erinnern, gibt es in diversen Ausführungen im Baumarkt – alles Weitere ist eine Frage Ihres Portemonnaies oder der Länge Ihrer Niesanfälle.

Fortsetzung auf der nächsten Seite

Fortsetzung

6 Elektrostatische Filter arbeiten mit einem elektrischen Feld, das Staubteilchen aus der Luft anzieht und auf Magnettellern im Innern des Gerätes fixiert.

7 Ein weiterer tragbarer Filter ist der so genannte Elektronengenerator. Der Bursche kann Teilchen in der Luft elektrostatisch aufladen, und die Partikel schnurren dann blitzschnell auf Wände, Möbel, Vorhänge und glatte Oberflächen, wo sie kleben bleiben. Leider sorgt jedoch jede Bewegung im Raum dafür, dass die Teilchen sofort wieder aufgewirbelt werden.

KAMINREINIGUNG

Warum hat der Erfinder des selbstreinigenden Backofens nicht auch einen Kamin gebaut, der das Gleiche kann? Offene Kamine sind Dreckfänger par excellence; hier sammeln sich nicht nur haufenweise Ruß und Asche an, oft plumpsen auch andere unliebsame Überraschungen durch den Schacht.

Sie benötigen

- **Tageszeitung**
- **alte Decke, Badetuch (zum Abdecken)**
- **Kaminbürste aus Metall**
- **Seil**
- **Bleigewichte**
- **schwarze Klamotten**
- **Staubmaske**
- **Handschuhe**
- **Leiter**
- **Industriestaubsauger**

UND SO GEHTS

1. Legen Sie die Feuerstelle im Kamin mit alten Zeitungen aus, um Ruß und Asche aufzufangen, die in den nächsten Minuten herabprasseln werden. Prophylaktisch hängen Sie auch eine Decke vor die Öffnung des Kamins.
2. Jetzt wird die Rauchabzugsklappe geschlossen.
3. Machen Sie die Kaminbürste an dem langen Seil fest und beschweren Sie das Ganze mit Bleigewichten. So können Sie beim Kaminschachtfegen mehr Ruß von den Innenwänden abbekommen.
4. Ziehen Sie dunkle Klamotten an, setzen Sie Schutzbrille und Staubmaske auf, packen Sie das Werkzeug und klettern Sie aufs Dach.
5. Spielen Sie Schornsteinfeger: Lassen Sie die Bürste am Seil in den Kaminschacht hinab, ziehen Sie wieder hoch und kratzen Sie dabei mit der Bürste Ruß, Asche, Zweige und andere Ablagerungen ab, die sich im Laufe der Jahre hier gebildet haben. Wiederholen Sie die Fegeaktion so oft, bis mit dem Besen nichts mehr nach oben kommt.

Fortsetzung auf der nächsten Seite

Fortsetzung

6 Gehen Sie in Haus zurück – Schuhe abputzen nicht vergessen! – und öffnen Sie die Kaminklappe, damit der restliche Ruß auf die Zeitungsunterlage rieseln kann.

7 Wenn sich der Staub gesetzt hat und Sie wieder klar sehen können, nehmen Sie die Decke ab und schlagen sie draußen aus, bevor sie in die Wäsche kommt. Die Zeitungen sammeln Sie behutsam ein und verklappen sie diskret in der Mülltonne.

8 Mit dem Staubsauger befreien Sie das Innere des Kamins von jeglichem Krümel.

GEBOTE UND VERBOTE

✗ Niemals auf eine Leiter klettern, die nicht fest auf dem Boden steht. Idealerweise hält Ihnen jemand die Leiter, während Sie die Drecksarbeit erledigen.

KAPITEL

7

AUSSEN-ARBEITEN

IM GROSSEN STIL

Oft entscheidet der erste Eindruck, ob ein Rendezvous gelingt oder völlig in die Hose geht. Das gilt auch fürs Haus: Genauso, wie Sie sich bei der ersten Verabredung vollendet in Schale geschmissen haben, soll Ihre Bude tipptopp aussehen, falls mal wichtiger Besuch ansteht. Klar, auch das Interieur soll aufgeräumt, proper und gut in Schuss sein, aber es ist die Fassade, mit der Sie den ersten Eindruck schinden. Wenn außen die Farbe abblättert oder die Traufe einzustürzen droht, hilft es wenig, wenn innen alles toll aussieht.

ALLGEMEINE TIPPS FÜR AUSSENREPARATUREN

Die größten Feinde Ihres Hauses sind nicht Ihre lärmenden, biersaufenden und fußballfanatischen Kumpels, sondern Regen, Wind, Sonne und Schnee. Sie attackieren Dach, Putz und Fenster mit solch unbarmherziger Penetranz, dass über kurz oder lang mal ein Ziegel herabplumpst oder die Farbe grobflächig aufplatzt. Selbst die kleinste Bagatelle kann sich zum Problem auswachsen, wenn man sie nicht gleich aus der Welt schafft.

UND SO GEHTS

1. Legen Sie sich einen Plan zurecht, was Sie wann erledigen wollenl. Die Regenrinnen säubern Sie, bevor im Herbst das Laub fällt, und dann noch einmal, wenn alle Blätter runter sind. Das Dach inspizieren und reparieren Sie, bevor der Winter kommt. Malerarbeiten am Haus sind was für die Sommermonate.

2. Bei Arbeiten im Freien stehen Sie mehr als einmal auf einer Leiter. Achten Sie immer darauf, dass deren Füße auf geradem, festem Untergrund stehen. Nicht zu weit zur Seite rauslehnen, sonst fällt die Leiter um – und Sie runter. Als sichere Faustregel gilt: „Hüften immer parallel zu den Holmen halten!"

3. Nach jeder Arbeit im Freien sofort alle Werkzeuge einsammeln! Nichts geht schneller verloren als ein Schraubenzieher, der über Nacht im Gras liegen bleibt.

4. Eins sollten Sie nie unterschätzen: die unauffällige Sickerkraft von Wasser. Wasser rinnt munter, aber stetig in das winzigste Loch und den feinsten Haarriss. Hat es sich erst mal einen Weg unter Dachziegel und ins Haus gebahnt, wird der Schaden teuer, schwer zu beheben, vielleicht sogar irreparabel. Also Obacht vor dem kleinsten Leck, eh es zu spät ist.

5. Falls die Arbeiten mal zu viel Zeit erfordern oder drohen Ihnen über den Kopf zu wachsen, sollten Sie nicht auf stur schalten, sondern – wie schon bei den Innenarbeiten – lieber jemanden zurate ziehen oder engagieren, der von der Sache Ahnung hat!

FLIEGENGITTER ERSETZEN

Der Zahn der Zeit nagt auch an Fliegengittern und lässt sie im Alter heruntergekommen und schäbig aussehen. Mit 'ner Bürste und etwas Wasser hält man sie zwar leicht sauber, wenn sie aber immer mehr Risse und Löcher bekommen und abgetakelt erscheinen, ist es an der Zeit, sie insgesamt zu ersetzen.

Sie benötigen

feinmaschiges Sichtgitter (sollte den Rahmen um 15 cm überlappen)

Kittmesser, feststellbar

Klammerpistole (Tacker)

Polstererzange

Hammer

Paneelstifte oder Tackerzwecken

Stanleymesser oder Teppichmesser

UND SO GEHTS

1. Das alte Fliegengitter aus dem Holzrahmen lösen.
2. Das neue Gitter muss auf der linken, rechten und unteren Seite genau auf den Rahmen passen, am oberen Rahmenrand etwa 15 cm überlappen. Tackern Sie den Unterrand am Holzrahmen fest.
3. Mit der Polstererzange packen Sie die Mitte der Gitteroberseite und ziehen das Fliegengitter stramm über den Holzrahmen. Anschließend wird der obere Rand des Gitters von der Mitte aus am Holzrahmen festgetackert.
4. Fixieren Sie das Gitter, indem Sie es mit der Zange stramm ziehen und jeden Zentimeter eine Tackerklammer setzen; dabei arbeiten Sie sich erst in die eine Ecke vor, danach befestigen Sie die zweite Hälfte auf gleiche Weise.
5. Mit Tackerklammern wird das Fliegengitter an beiden Seiten des Holzrahmens festgemacht.
6. Das überlappende Fliegengitter wird mit dem Teppichmesser abgeschnitten. Anschließend kommt das Fliegenfenster wieder auf seinen alten Platz, wo es dann mit Hammer und Stiften bzw. Tackerzwecken endgültig fixiert wird.

ABDICHTEN EINER TÜR

Wer sein Heimwerkertalent testen will, ohne sich allzu weit aus dem Fenster zu lehnen, für den ist das Abdichten einer Tür das Richtige. Etwas Abdichtungsband rund um Türpfosten und -zargen, und schon bleibt die kalte Luft dort, wo sie hingehört – draußen. Und die Heizkostenrechnung sinkt auch.

Sie benötigen

Bandmaß

Selbstklebendes Fenster-/Türabdichtungsband

Schere

Zugluftdichtung

Blechschneider

Schraubendreher

UND SO GEHTS

1. Messen Sie die Innenseiten sowie die Oberseite des Türrahmens an der Türlaibung aus, also da, wo die Tür an den Rahmen stößt (siehe Abb. A).
2. Schneiden Sie das Abdichtungsband zurecht.
3. Lösen Sie das Band vom Papier und drücken Sie es am Türrahmen fest. Wenn Sie die Tür nun schließen, drückt sie fest gegen das Abdichtungsband, und kein Luftzug hat mehr eine Chance, von außen hereinzukommen (siehe Abb. B).
4. Messen Sie die Türunterseite ab. Schneiden Sie Abdichtungsband zurecht und kleben Sie es an die Unterseite, um die Schwelle abzudichten (siehe Abb. C).
5. Zusätzlich zur Abdichtung der Schwelle wird eine Zugluftdichtung innen an der Tür angebracht.
6. Schneiden Sie die Zugluftdichtung mit dem Blechschneider zurecht und schrauben Sie das Teil so an die Vorderseite der Tür, dass das Dichtungsband bei geschlossener Tür fest gegen die Schwelle drückt (siehe Abb. D).

Fortsetzung auf der nächsten Seite

GEBOTE UND VERBOTE

✓ Lassen Sie etwa 1 mm zwischen der Türkante und dem Ende der Dichtungslippe frei.

Abb. A

Abb. B

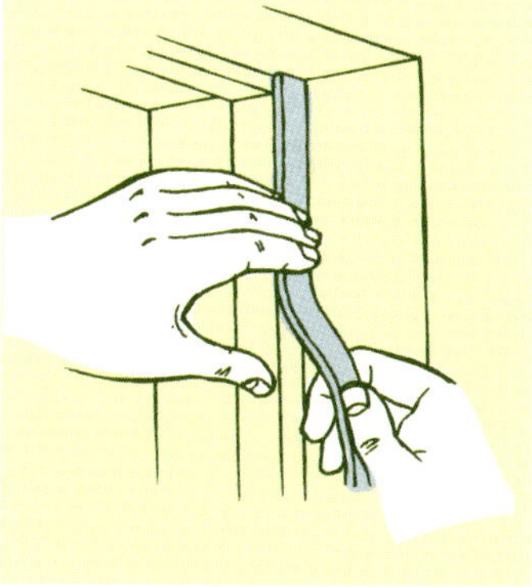

Abb. C

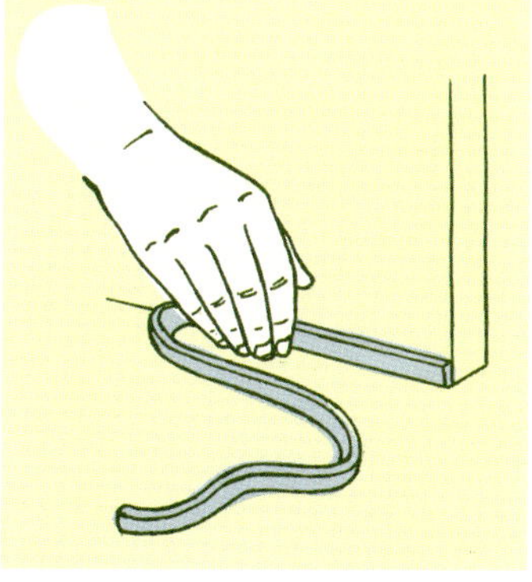

Abb. D

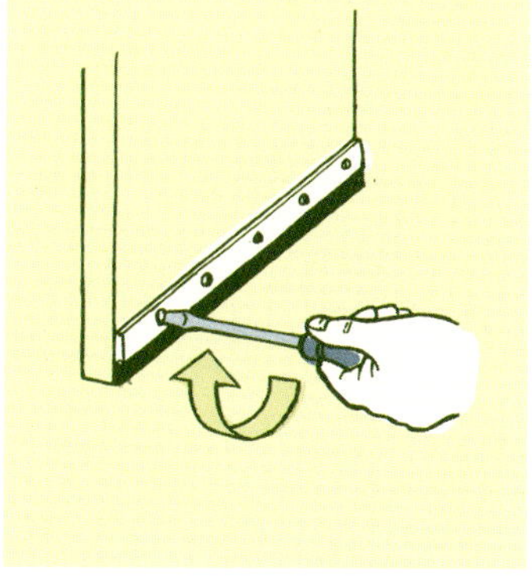

ZIEGEL AUS ASPHALT-PAPPE ERNEUERN

Auch von Dächern, die mit Ziegeln aus Asphaltpappe gedeckt sind, wird gelegentlich einer von einem Ast eingerissen oder bei Sturm vom Dach gefegt. Asphaltziegel lassen sich leicht ersetzen, doch sollte die Reparatur fix erfolgen. Wenn Sie keine Ziegel in Reserve haben, reichen schon ein paar Sperrholzbretter und etwas Dachpappe, damit es Ihnen nicht in den Speicher regnet.

Sie benötigen

Dachziegel aus Asphaltpappe (Größe & Farbe wie die bereits verlegten)

kleines Stemmeisen

Stanleymesser oder Teppichmesser

Hammer

Dachnägel (3 cm)

Zement, wasserfest

UND SO GEHTS

1. Legen Sie sich den neuen Ziegel direkt oberhalb des Ziegels, der ersetzt werden soll, zurecht.
2. Mithilfe eines kleinen Stemmeisens kommen alle Nägel ab, die den alten Ziegel am Dach festgehalten haben. Kratzen Sie auch sämtliche Reste des alten Ziegels ab.
3. Schieben Sie das Ersatzstück an die richtige Stelle. Wenn das nicht auf Anhieb klappt, stutzen Sie einfach die oberen Ecken mit dem Teppichmesser.
4. Jetzt wird der neue Ziegel mit Schmackes an den Dachlatten festgenagelt, bis er ganz festsitzt.
5. Zum Schluss werden die Nagelköpfe mit wasserfestem Zement abgedichtet.

TIPP

✓ Asphaltziegeldächer lassen sich am besten an warmen Tagen reparieren, denn dann sind die Ziegel viel geschmeidiger. Bei Kälte können sie leicht starr und steif werden und zerbröckeln dann leicht.

ABWEISBLECHE REPARIEREN

Wo Sie schon mal auf dem Dach rumturnen und Ziegel austauschen, können Sie auch gleich mal die Abweisbleche checken, die wie ein Kragen Kamine, Abzugsrohre, Dachkehlen und Traufen säumen. Abweisbleche werden dort festgenagelt, wo Wasser ins Haus sickern könnte, was sie verhindern sollen. Auch Abweisbleche können sich lockern oder wegrosten.

Sie benötigen

Hammer

Zement, wasserfest

Silikonkleber

Alu-Abweisbleche in Streifen

Drahtbürste

Kittmesser

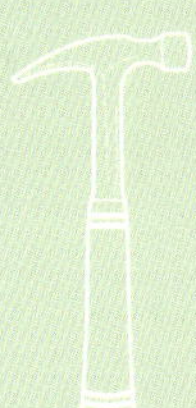

UND SO GEHTS

1. Überprüfen Sie die Bleche an allen Nähten und Kanten. Ihr besonderes Augenmerk gilt lockeren Nägeln, bröckligem oder fehlendem Ziegelspeis sowie verbogenen oder abgesplitterten Stellen.
2. Hauen Sie lockere Nägel fest, dichten Sie freiliegende Nagelköpfe mit wasserfestem Zement ab.
3. Wenn der Speis bröcklig geworden ist, verfugen Sie die entstandenen Ritzen und Spalten mit neuem Zement oder Silikonkleber; verbogene Abweisbleche biegen Sie wieder in die alte Form zurück.
4. Falls das Blech verrostet ist, können Sie die betroffenen Stellen mit passenden Streifen aus dem gleichen Material flicken.
5. Rauen Sie die Oberfläche des alten Blechs kräftig mit der Drahtbürste auf.
6. Auf die aufgeraute Stelle wird mit dem Kittmesser eine Schicht wasserfester Zement aufgetragen. Nun drücken Sie den Ersatzstreifen über der Roststelle bzw. dem Loch fest in den Zement ein.
7. Alles mit wasserfestem Zement abdecken.

WARTUNG DER REGENRINNE

Solange die Regenrinne brav ihrer Aufgabe nachkommt, verschwenden wir kaum einen Gedanken an sie. Aber wenn sie verstopft ist oder zu lecken beginnt, setzen unsere Fluchtiraden ein. Um sich diesen lästigen Ärger zu ersparen, sollten Sie die Regenrinne prophylaktisch zweimal im Jahr gründlich sauber machen und warten.

Sie benötigen

- **Gartenhandschuhe**
- **Leiter**
- **Eimer oder Abfallsack**
- **Gartenschlauch**
- **Dränagestab**
- **Schraubendreher**
- **Silikonkleber**
- **Alu-Blech- oder Weißblechreste**
- **Zement, wasserfest**
- **Kittmesser**
- **Drahtbürste**

UND SO GEHTS

1. Bis Ende Herbst haben sich Blätter, Zweige, Eicheln und tote Wespen in der Regenrinne angesammelt und sie bis zur Oberkante verstopft. Es empfiehlt sich, die Traufe vor und nach dem Herbst gründlich zu entmisten. (Wenn Ihr Haus direkt unter einem Laubbaum steht, müssen Sie die Aktion „Saubere Rinne" im Herbst mehrmals wiederholen.)
2. Gartenhandschuhe anziehen und ab auf die Leiter, um die Rinne zu inspizieren.
3. Mit den Händen klauben Sie Blätter und sonstigen Müll heraus und schmeißen alles in einen Eimer.
4. Jetzt lassen Sie aus dem Gartenschlauch ordentlich Wasser in Rinne und Fallrohr einlaufen: Nun gluckert sie wieder fröhlich!
5. Falls das Fallrohr verstopft ist, ist mehr Wasserkraft gefragt. Stecken Sie einen Sprühaufsatz auf den Schlauch und spülen Sie die Öffnung mit einem satten Wasserstrahl durch. Notfalls rücken Sie der Verstopfung mit dem Dränagestab zu Leibe.

Fortsetzung auf der nächsten Seite

Fortsetzung

6 Nach der Reinigung der Regenrinne wandern Sie noch einmal ums Haus und überprüfen, ob irgendwelche Schrauben an den Verbindungsstellen der Rinne bzw. zwischen Rinne und Fallrohr locker sind. Überprüfen Sie auch die Rinnenbügel, mit denen die Rinne an den Dachstuhl montiert ist. Lockere Teile werden befestigt, eventuell vorhandene Risse und Lücken mit Silikonkleber verfugt.

7 Ein Loch in der Regenrinne flicken Sie auf der Rinneninnenseite mit einem Stück Blech und wasserdichtem Zement.

8 Dazu muss die Innenseite der Regenrinne ganz trocken sein. Rauen Sie das Blech rund um die Schadstelle mit der Drahtbürste auf. Anschließend wird sie mit wasserfestem Zement eingeschmiert, wofür Sie das Kittmesser benötigen.

9 Biegen Sie ein Stück Weiß- oder Alublech so in Form, dass es exakt auf die Schadstelle passt, und pressen es dann fest in den Zement.

10 Zum Schluss werden auch die Kanten des Ersatzblechs mit Zement gekittet.

GEBOTE UND VERBOTE

✗ Wenn ein größeres Stück der Regenrinne verrostet, kaputt oder durchlöchert ist, nützt das Flicken nicht mehr viel; ersetzen Sie es durch ein neues Rinnenstück.

✗ Beim Ausbessern eines Lochs in der Rinne sollten Sie mit dem wasserfesten Zement sparsam umgehen und keinen neuen Staudamm bauen.

TIPP

✓ Um den Abfluss zu erleichtern und gleichzeitig zu verhindern, dass Blätter, Zweige oder anderes Zeug Traufe oder Fallrohr verstopfen, können Sie einen runden Metallrost einsetzen, der genau in die Öffnung des Fallrohrs oder – besser noch – direkt in die Traufe passt.

AUSTAUSCH EINER FENSTERSCHEIBE

Wer schon mal eine Scheibe in 'nem alten Holzfenster ausgetauscht hat, wird mir bestätigen, dass das größte Ärgernis darin besteht, von außen arbeiten zu müssen. Vor allem ab dem zweiten Stock wird das Ganze ein wenig kniffliger und ist nix mehr für Leute, die nicht schwindelfrei sind. Entweder muss man sich eine Kletterausrüstung bzw. eine extra lange Leiter leihen; alternativ können Sie den Fensterladen ausbauen und drinnen weiterarbeiten.

Sie benötigen

neues, passgenau zugeschnittenes Fensterglas

lederne Arbeitshandschuhe

Kittmesser

Meißel

Zange

feinkörniges Sandpapier

Grundierung auf Ölbasis

Pinsel

Fensterkitt

Fensternägel

UND SO GEHTS

1. Als Erstes ziehen Sie die Handschuhe an, dann klauben Sie alle Glasreste aus dem Rahmen.
2. Mit Kittmesser oder Meißel muss der alte Kitt herausgekratzt werden. Danach ziehen Sie mit der Zange die alten Fensternägel raus – manchmal sind das auch nur kleine Dreiecke aus Metall.
3. Als Nächstes schmirgeln Sie den Fensterrahmen glatt und tragen danach die Grundierung auf.
4. Sobald die Grundierung trocken ist, nehmen Sie das Kittmesser und schmieren eine dünne Schicht Fensterkitt in den Rahmen (siehe Abb. A).
5. Drücken Sie das neue Fensterglas mit sanfter Kraft in den Kitt und fixieren sie die Scheibe mit neuen Fensternägeln. Diese drücken Sie mithilfe eines Meißels jeweils im Abstand von 5 cm zur Ecke und von 15 cm zueinander in den Kitt.

Fortsetzung auf der nächsten Seite

Fortsetzung

6 Nehmen Sie etwas Fensterkitt in die Hand und rollen ihn zu einer dünnen Wurst, welche mit den Fingern rund um den Rand der Scheibe festgedrückt wird; so werden die Nägel abgedeckt und die Scheibe von innen abgedichtet (Abb. B).

7 Glätten Sie den Kitt mit dem Messer; auf diese Weise ist zum Schluss die gesamte Scheibe von einer glatten, im Querschnitt dreieckigen Kittschicht gesäumt.

8 Lassen Sie den Fensterkitt sieben bis zehn Tage trocknen, bevor Sie ihn farbgleich zum Rahmen anpinseln.

TIPP

✓ Wenn Sie den neuen Fensterkitt streichen, kann getrost auch etwas Farbe auf die angrenzenden Scheibenabschnitte kommen. So entsteht eine wasserfeste Dichtung zwischen Fenster und Kitt. Getrocknete Farbe bekommen Sie übrigens leicht mit einer Rasierklinge vom Glas ab.

Abb. A

Abb. B

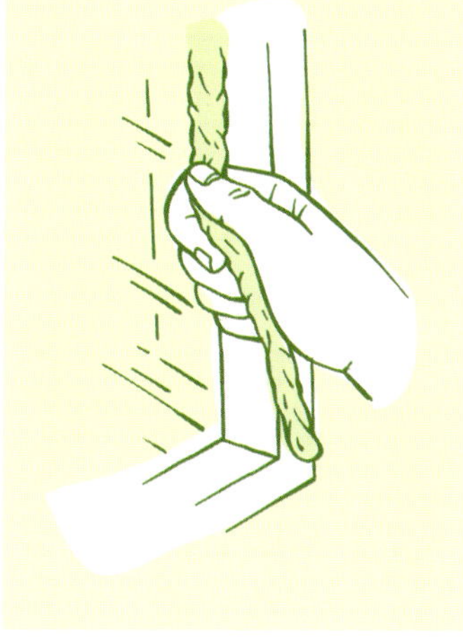

DER AUSSENANSTRICH

Der Außenanstrich gehört mit zu den Dingen, die das Erscheinungsbild eines Hauses nachhaltig beeinflussen. Wer nun glaubt, die Sache sei damit getan, ein paar Farbkübel aufzumachen und Farbe auf die Wand zu kleckern, irrt gewaltig. Die größte Plackerei steckt in der Vorbereitung – schmirgeln, abkratzen, säubern und Löcher zuschmieren ...

Sie benötigen

- **Abdeckplane**
- **Bürste bzw. Wurzelbürste**
- **Bleichmittel**
- **Wasser**
- **Drahtbürste (zum Abkratzen von Farbresten)**
- **Sandpapier (unterschiedliche Körnung)**
- **Baumwolllappen, trocken**
- **Hammer**
- **Nageltreiber**
- **Spachtelmasse**
- **Kittmesser**

UND SO GEHTS

1. Ziersträucher und Blumenbeete werden mit Abdeckplanen vor Farbspritzern geschützt; größere Sträucher oder Bäume so zurechtgestutzt, dass sie die Hauswand nicht berühren.
2. Vogelhäuser, Außenlampen, Hausnummern und anderer Krimskrams werden abmontiert.
3. Säubern Sie die gesamten Außenwände – auch unter den Fenstersimsen und an schwer zugänglichen Ecken! – gründlich.
4. Von Schimmel befallene unbehandelte Balken erhalten eine Sonderbehandlung: Mischen Sie einen Teil Bleichmittel (z. B. Chlorbleiche) mit drei Teilen Wasser, tragen Sie die Mixtur auf und schrubben Sie die betroffene Stelle mit einer Bürste. Danach mit klarem Wasser abspülen.
5. Bereits gestrichene Holzteile sollten Sie nach Blasen oder Rissen absuchen. Diese Stellen werden glatt geschmirgelt und dann mit 'nem feuchten Baumwolllappen abgewischt.

Fortsetzung auf der nächsten Seite

Grundierung

Leiter

Außenfarbe

Pinsel (3,5 und 6 cm breit)

Eimerchen mit Abstreifgitter

Fleischerhaken (zum Aufhängen der Eimer)

Rührstock

Abklebband

Fortsetzung

6 Der nächste Rundgang ums Haus gilt herausstehenden Nägeln. Diese schlagen Sie mit dem Nageltreiber ins Holz; anschließend glätten Sie die Löcher mit Spachtelmasse und schmirgeln die trockene Fläche mit Sandpapier glatt.

7 Streichen Sie alle unbehandelten Holzflächen vor (über Nacht trocknen lassen).

8 Beim Streichen arbeiten Sie von oben nach unten.

9 Als Nächstes kommen Türen, Rahmen und Fensterläden dran, auch hier arbeiten Sie von oben nach unten. Fenster werden stets von innen nach außen gestrichen: zuerst die Glasrahmen (in denen die Scheiben sitzen), dann Seiten, Oberseite und Unterseite des Fensters. Zu guter Letzt werden die Außenteile angemalt.

GEBOTE UND VERBOTE

- ✓ Leitern müssen stets auf festem Untergrund stehen – weder auf einer Abdeckplane noch auf Steinen oder Ästen.
- ✓ Bevor Sie einen Farbeimer öffnen, immer gut schütteln; wenn er dann endlich offen ist, die Farbe noch mal gut verrühren.

HINWEIS

- ✓ In praller Sonne wirft Farbe beim Trocknen oft Blasen. Wände, die nach Westen weisen, werden daher am besten morgens gestrichen, nach Osten gewandte Wände am Nachmittag.

GARTENTOR REPARIEREN

Alte Gartentore können sich senken, verziehen und schließen dann nicht mehr richtig. Die alten Balken und Scharniere sollen raus, das Tor selbst wird durch ein neues Spannschloss modernisiert.

Sie benötigen

Schraubendreher

Holzdübel

Holzleim

Hammer

Holzschrauben

neue Scharniere

Spannschloss

UND SO GEHTS

1. Knöpfen Sie sich die Scharniere vor und schauen Sie nach, ob sich die eine oder andere Schraube gelockert hat.
2. Lockere Schrauben ziehen Sie fest. Falls die Löcher ausgeleiert oder verrottet sind, montieren Sie das Scharnier samt den Schrauben komplett ab.
3. Schnitzen Sie einige Holzdübel so zurecht, dass diese in die Schraublöcher passen. Leim drauf und ab damit in die Löcher (siehe Abb. A).
4. Als Nächstes das Scharnier anlegen und die Schrauben in die verstärkten Löcher treiben.
5. Lockere oder leicht verrottete Zapfenverbindungen – das sind Verbindungen, bei denen verjüngend zulaufende Holzstückchen (die Zapfen) in entsprechende Schlitze (die Nute) gesteckt werden – können Sie mit Schrauben oder kleinen Holzkeilen festpressen.
6. Die Pinnoreks satt mit Holzleim bestreichen und von oben und unten in die Nut stecken (siehe Abb. B); anschließend drücken Sie den Zapfen mit Schmackes in den Schlitz hinein.

Fortsetzung auf der nächsten Seite

Fortsetzung

7 Als Nächstes schrauben Sie die Schrauben durch den Balken mit der Nut, bis sie sich in den Zapfen eingefräst haben (siehe Abb. C).

8 Zapfverbindung und Scharnier sitzen bombenfest – aber das vermaledeite Tor hängt immer noch durch? Montieren Sie das Spannschloss über Eck an.

9 Das Spannschloss festdrehen, bis das Tor nicht mehr schief hängt (siehe Abb. D).

Abb. A

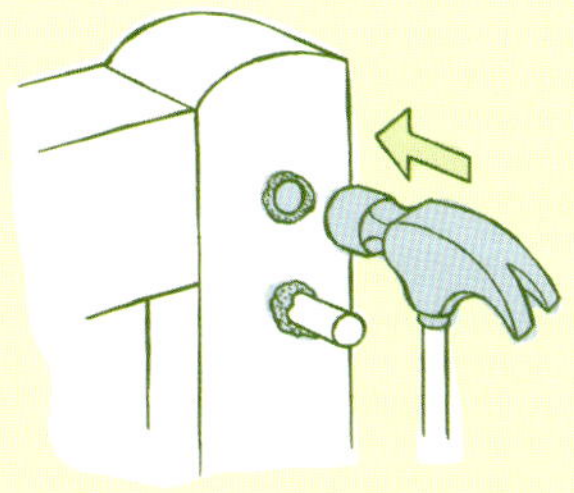

Abb. B

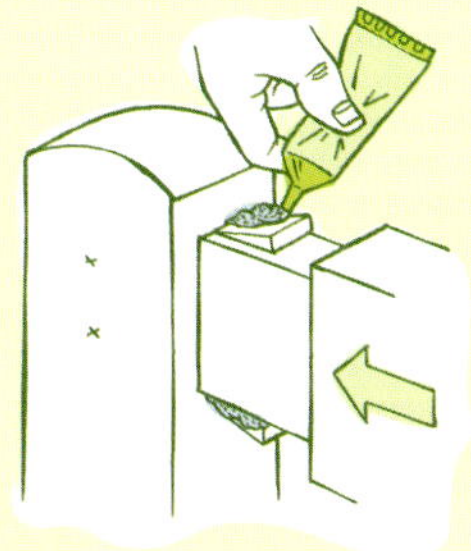

Abb. C

Abb. D

MAUERN NACHVERFUGEN

Marmor, Stein und Eisen bricht … der Mörtel, der alles zusammenhält, natürlich auch. Wie alles, was im Freien dreckig wird, wollen Ziegel gesäubert und alter Mörtel ersetzt werden – der Polier nennt das zärtlich „Nachverfugen".

Sie benötigen

Hammer

Meißel

Fugenmörtel

kleiner Eimer

Maurerkelle

Fugenkelle

großer alter Pinsel

Salzsäure

Wasser

langstielige Bürste

UND SO GEHTS

1. Kratzen Sie den alten, bröckeligen Mörtel mit Hammer und Meißel aus den Fugen.
2. Mischen Sie den Speis im Eimer an. Schöpfen Sie einen Klacks Mörtel mit der Maurerkelle heraus und verstreichen Sie ihn. Drücken Sie den frischen Speis mit der Fugenkelle zwischen die Ziegel.
3. So, jetzt ist genug Mörtel in den Zwischenräumen. Tauchen Sie nun den Pinsel ins Wasser und reiben Sie damit behutsam über Ziegel und Speis, damit der Mörtel gleichmäßig verteilt wird.
4. Lassen Sie den Mörtel eine halbe Stunde antrocknen. Dann geht es allem, was links und rechts übersteht, mit der Fugenkelle an den Kragen.
5. Speis über Nacht trocknen – abbinden, wie unser alter Polier immer sagte. Anderntags mischen Sie in einem Eimer eine Reinigungslösung an – ein Teil Salzsäure und zehn Teile Wasser.
6. Tauchen Sie die langstielige Bürste in die „Fugenreinemach-Lösung". Dann schrubben Sie damit Ziegelsteine und Fugen. Auf diese Weisen werden alle Spuren des Nachverfugens verwischt, und die Mauer sieht wieder aus wie gerade gebaut.

GARTENREINIGUNG

Arbeiten im Garten: endlich mal wieder aus der Hütte kommen, die Seele baumeln lassen … und sich so richtig mit Dreck einsudeln. Ganz nebenbei lässt dieser floristische Marathon aber auch das grüne Umfeld Ihr Haus im besten Licht erscheinen.

Sie benötigen

Arbeitshandschuhe

Abfallsäcke bzw. Müllsäcke

Rechen

Schaufel

Kehrblech und Handfeger

Elektrokettensäge

Gartenschere

Spitzhacke (für Baumstümpfe)

Schrubber

UND SO GEHTS

1. Als Erstes … Arbeitshandschuhe marsch! Dann krallen Sie sich eine Gartenschere oder Kettensäge und sägen alle überlangen Äste ab.

2. Mit Rechen und Schaufel sammeln Sie Laub, Moos und Ästchen vom Rasen ab. Danach kommt der ganze Gartenabfall in einen Müllsack. Falls Sie einen Komposthaufen angelegt haben, kippen Sie die Blätter dort drauf – ebenso Äste und Zweige, die vorher durch einen Schredder gewandert sind.

3. Baumstümpfe aus dem Garten zu räumen ist harte Plackerei. Mit Schaufel oder Spitzhacke graben Sie eine schmale, tiefe Furche rund um den Stumpf. Anschließend kappen Sie den Stumpf mit einer Kettensäge etwa drei Handbreit unter der Erdoberfläche. Achtung: Diese Sisyphusaktion klappt nur, wenn der Baum komplett abgestorben ist.

4. Für das große Finale brauchen Sie einen Schrubber und viel, viel Wasser. Damit entfernen Sie groben Schmutz und säubern Terrasse, Plattenwege und natürlich die Auffahrt zur Garage.

KAPITEL

8

BOLLWERKE
DER LETZTEN
BASTION

Das Heim eines Mannes ist seine letzte Bastion, denn hier sammelt und hegt er alles, was ihm lieb und teuer ist – nach der Lektüre dieses Buches selbstverständlich in Setzkästen, Vitrinen und bester Ordnung. Hier darf er mit den Kumpels abfeiern, Frauen können seine Schätze bewundern und die Mischpoke kann seinen Wohlstand bestaunen. Alles Wertvolle neigt aber dazu, von Flammen verzehrt oder von Schurken gestohlen zu werden. Allein schon deshalb braucht ein Mann Hunde, etwa das Modell Zerberus. Und 'ne gute Hausratversicherung.

SCHUTZMASSNAHMEN

Ein trautes, aufgeräumtes Heim, wo alle persönlichen Schätze ordentlich auf Regalen und in Schubladen gehortet sind, ist für den Mann das optimale Refugium nach eines harten Arbeitstages Lasten. Jedoch nur so lange, bis irgendein Ganove in Ihr schnuckeliges Heim einbricht und alles klaut, was Ihnen wert und teuer ist! In solchen Fällen ist es nicht nur mit dem Relaxen Essig, auch auf die Übertragung der Bundesliga am Samstag müssen Sie verzichten (schließlich ist ja auch der Fernseher weg). Daher einige Tipps, wie man Diebe fern und sein Hab und Gut zusammenhält.

Als Erstes bekommen alle Türen und Fenster ordentliche Sicherheitsschlösser, einen soliden, unüberwindbaren Türriegel (siehe S. 136) und eine Sperrkette. Auch ein Guckloch/ein Spion an der Tür macht Sinn, um die Tür vor ungebetenen Gästen geschlossen zu halten.

Draußen vor der Türe sollte es auch immer hell sein. Licht im Garten ist praktisch und lässt sich – gerade in der Adventszeit – auch geschmacklich variieren. Bewegungsmelder, die schon angehen, wenn die Mücken husten, lassen Diebe buchstäblich zur Salzsäule erstarren.

Ein dichter, dorniger Rosenbusch unter dem Fenster lässt jeden Einbrecher zweimal überlegen, ob er nun wirklich durch diese Luke einsteigen will, um den Safe zu knacken.

Apropos, alle Wertsachen gehören natürlich in einen feuerfesten Safe. Ganz große Schlaumeier bauen gleich zwei Geldschränke ein – den einen nur als Attrappe.

Verstecken Sie Schlüssel nie unter der Fußmatte oder im Blumentopf, wo sie jedes Kind vermuten würde. Die meisten Diebe sind ja nicht bescheuert – bis auf die, die man erwischt.

Auch ’ne Alarmanlage macht Sinn. Okay, die ist teuer. Wenn sie aber mit dem nächsten Polizeirevier verbunden ist, kommt sofort Hilfe, falls in Ihrer Abwesenheit die Sirene losgeht.

DIE WAHL DER RICHTIGEN VERSICHERUNG

Eine gute Hausratversicherung ist unerlässlich, um all Ihre – mittlerweile bestens organisierten – Werte in und ums Haus abzusichern. Falls also Schlammlawinen, Blitzschlag oder andere Naturkatastrophen Ihr Heim dem Erdboden gleichmachen, hilft Ihnen eine richtig gewählte Versicherung rasch wieder auf die Beine. Sogar Ihre Briefmarkensammlung wird ersetzt! Doch Vorsicht: Lesen Sie unbedingt das Kleingedruckte, sonst laufen Sie Gefahr, nach einem Orkan trotzdem buchstäblich im Regen zu stehen.

WAS MANN BEACHTEN MUSS

1. Bevor Sie Ihren Wilhelm unter den Vertrag setzen, prüfen Sie genau, WAS die Versicherung abdeckt. Wer sich z.B. gegen Brandschäden absichert, ist gegen einen durch ein durchgeschmurgeltes Kabel verursachten Brand nicht versichert.
2. Achten Sie darauf, dass die Versicherungssumme hoch genug ist, um alles, was der Katastrophe zum Opfer fallen könnte, auch tatsächlich zu ersetzen.
3. Eine Inventarliste sämtlicher Wertsachen – und ihres aktuellen Neubeschaffungswerts – kann nützlich sein. Am besten bewahren Sie diese Auflistung samt aller Quittungen in einem feuersicheren Safe auf. Versicherungen sind in diesem Punkt sehr penibel und machen Knete erst locker, wenn Sie den entsprechenden Nachweis erbracht haben.
4. Alarmanlagen, Sicherheitsschlösser, Rauchmelder und Feuerlöscher sind nicht nur sehr nützlich, sondern senken vielfach auch die Höhe der Versicherungspolice.
5. Übrigens fallen Brandschutzversicherungen für Raucher meist drastisch höher aus – Sie könnten ja mit 'ner brennenden Kippe einschlafen und das Bett in Flammen setzen. Also, entweder mit dem Quarzen aufhören oder der Versicherung was in die Tasche lügen.

EIN WACHHUND – DER BESTE FREUND DES MANNES

Wenn Sie in derselben Woche Job und Freundin verlieren, gibt es vielleicht ein paar gute Freunde, mit denen Sie sich besaufen können – doch kann es nur einen geben, der Ihnen auch noch die Füße leckt – Ihr Hund. Unsere bellenden Freunde sind nicht nur loyale Rudeltiere, sondern auch bessere Bodyguards als jede teure Hightech-Alarmanlage. Und 'ne Rosenhecke unterm Fenster apportiert auch nicht so schön Stöckchen. (Okay, sie riecht vielleicht besser.)

Selbstverständlich sollten Sie wissen, wie Bello in bestimmten Situationen reagiert. Etwa wenn ein wildfremder Typ durch Ihr Fenster steigt. Manche Hunde kläffen nur und beißen nicht. Andere Vertreter der Caniden hingegen knurren, bellen und fletschen die Zähne. Braver Hund, das gibt ein Leckerli.

Gute Wachhunde (Kläffer):	*Gute Wachhunde (bissfreudig):*
Yorkshire- od. Scotch-Terrier	**Dobermann**
Zwergpinscher	**Mastiff o. Englische Dogge**
Schnauzer	**Rottweiler**
Dackel	**Deutscher Schäferhund**
	Als Wachhunde weniger geeignet (etwas bell- und beißfaul):
	Basset
	Bluthund
	Bulldogge
	Boxer

SICHERHEITSFENSTER

Die größten Schwachstellen eines Hauses sind die Fenster; denn um eine Scheibe zu zerschlagen, braucht man gerade mal so viel Zeit wie dafür, eine Faust in den Mantelärmel zu stecken und damit das Glas zu zerbrechen. So was macht natürlich einen Heidenlärm, weshalb die meisten Einbrecher eher das Fensterschloss aufbrechen. Es gibt mehrere Möglichkeiten, die Fenster gegen diese beiden verbreiteten Einbruchmethoden zu sichern.

UND SO GEHTS

1. Die einfachste Sicherungsmethode für Fenster sind gut geschmierte Verriegelungssysteme. Achten Sie auch immer darauf, dass alle Fenster nachts oder bei Abwesenheit geschlossen und verriegelt sind.
2. Doppelfenster lassen sich zusätzlich sichern, indem Sie in beide Fensterrahmen ein schräg nach unten weisendes Loch bohren. Als Sperrdübel führen Sie einen langen, stabilen Nagel oder Metallbolzen ein, den Sie leicht rausziehen können.
3. Die Fensterverriegelung lässt sich zusätzlich durch einen passend zurechtgestutzten Besenstiel verstärken, den Sie zwischen Fensteroberseite und Sturz klemmen.
4. Es muss ja nicht gerade Panzerglas sein, auch andere Sorten extra starker Glasscheiben lassen sich leicht einbauen und schwer zerdeppern – etwa so genanntes gehärtetes Glas, das auf hohe Temperaturen erhitzt und sehr schnell gekühlt wurde, sodass nun eine feste Außenhaut das Glas umgibt, oder Verbundglas, bei dem eine Kunststofffolie zwischen zwei Glasscheiben geklebt ist.
5. Falls Sie das Gefühl nicht stört, hinter schwedischen Gardinen zu sitzen, können Sie auch außen vor den Fenstern eiserne Sicherheitsgitter anbringen.
6. Auch Rollläden wirken als gute Einbrecher-Abschreckung – und solche mit elektrischem Motor können Sie sogar per Zeitschaltuhr hoch- bzw. runterlassen.

SICHERHEITSTÜREN

Eine schwere, stabile Haustür mit Riegelschloss und Türriegel hält selbst Ali Baba und die 40 Räuber fern. Hier erfahren Sie, wie Sie einen Türriegel einbauen (falls nicht schon vorhanden). Greifen Sie beim Einkauf nach dem längsten Riegel, der Ihnen vor die Augen kommt.

Sie benötigen

Bandmaß

Bleistift

Winkelmaß

Bohrschablone

Türriegeleinbausatz mit Riegel, Schablone, Frontplatte, Schließblech und Schloss

Bohrmaschine mit Spitzbohrer (22 mm) und Lochsägeblatt (55 mm)

Meißel

Hammer

schwarze Schuhcreme

UND SO GEHTS

1. 15 cm über Türgriff oder Schnappschloss abmessen und die Stelle mit Bleistift markieren. Mit dem Winkelmaß eine Linie durch diese Markierung zeichnen. Die Linie soll mitten durch jenen Kreis laufen, in dem der Türriegel festgemacht wird.

2. Die Schablone an die Tür anhalten. Dabei wird sie von vorne nach hinten um den Türrand gebogen, damit sie ganz genau passt. Wenn die Markierung auf der Tür mit der auf der Schablone deckungsgleich ist, zeichnen Sie die Verbindungslinien mit dem Bleistift auf das Türholz, wie in Abb. A zu sehen. Die Hilfsmarkierungen zeigen Ihnen, wo Sie die Löcher bohren müssen, zum Beispiel das Loch am Türrand, wo später der Riegel sitzen wird.

3. Jetzt nehmen Sie den Bohrer mit dem größeren Lochsägeblatt (55 mm) und bohren damit das Hauptloch in die Vorderseite der Tür. Bevor Sie das Holz völlig durchbohrt haben, ziehen Sie das Blatt wieder raus, setzen es auf der anderen Seite an und bohren das Loch von dort aus zu Ende.

Fortsetzung auf der nächsten Seite

Fortsetzung

4 Wechseln Sie das Lochsägeblatt gegen den kleineren Spitzbohrer (22 mm) und bohren Sie damit ein Loch in die Türkante. Hier kommt später der Türriegel rein.

5 Stecken Sie den Riegel ins Loch und halten Sie die Frontplatte darüber, um deren Umrisse an der Türkante zu skizzieren. Stemmen Sie die Türkante so aus, dass die Frontplatte mit dem Holz bündig ist, wenn sie festgeschraubt wird (Abb. B).

6 Jetzt wird der Türriegel zusammengebaut und an der vorgesehenen Stelle festgeschraubt. Schrauben Sie auch die Frontplatte an.

7 Geben Sie etwas schwarze Schuhcreme auf das Ende des Riegels, schließen Sie die Tür und schieben Sie den Riegel zum Rahmen. An der schwarzen Markierung erkennen Sie, wo das Loch für den Riegel gebohrt werden muss.

8 Nun machen Sie das Gleiche mit dem Schließblech (s. Schritt 5); Umriss markieren und Türrahmen so ausmeißeln, dass das Schließblech mit dem Holz bündig ist. Schrauben Sie das Schließblech an die dafür vorgesehene Stelle.

GEBOTE UND VERBOTE

✗ Nicht zu fest andrücken, wenn Sie in die Tür bohren, sonst splittert das Holz. Der Bohrer weiß schon, was er tut.

Abb. A

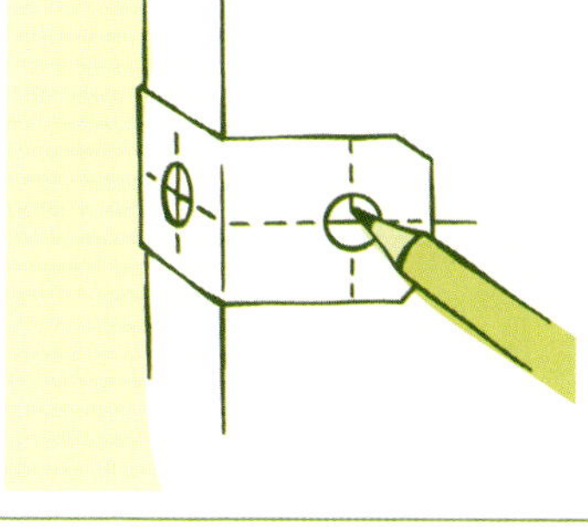

Abb. B

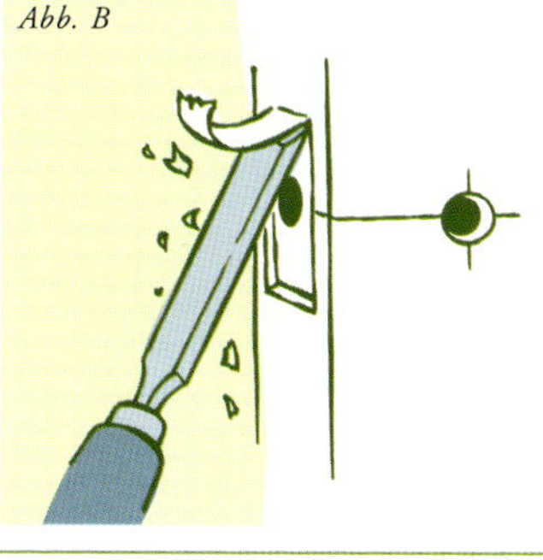

BRANDSCHUTZ-VORKEHRUNGEN

Ein Wohnungsbrand ist keine coole Sache – auch wenn Sie dabei den Helden spielen und Ihre Schwiegermutter sowie den Wellensittich Ihrer Liebsten vor dem Flammentod bewahren könnten. Hinterher müssten Sie eine Masse rauchender Balken ersetzen – und die ganze Plackerei, um Ihre Bude auf Hochglanz zu polieren, wäre für die Katz gewesen. Da ist es schon besser, man trifft ein paar Brandschutzvorkehrungen, bevors brenzlig wird.

UND SO GEHTS

1. In jedem Stockwerk sollte mindestens ein Feuerlöscher parat stehen – auf jeden Fall aber in der Küche, wo die meisten Feuer ausbrechen.
2. Rauchmelder können Sie vor einem Feuer warnen, bevor es außer Kontrolle gerät. Montieren Sie Rauchmelder in jedem Raum, auch im Flur/Treppenhaus.
3. Müll, Pappkartons und -schachteln, Altkleider und anderes Zeug, was leicht Flammen fängt, nie näher als 1 Meter von Öfen oder Heizkörpern lagern.
4. Überprüfen Sie alle Elektrogeräte regelmäßig auf zerschlissene Kabel und reparieren Sie defekte Kabel sofort (siehe auch Kapitel 2).
5. Achten Sie zur Weihnachtszeit darauf, dass Christbaum und Tannenschmuck nicht abfackeln.
6. Zwischen Vorhängen und Kerzen muss immer mindestens 1 m Abstand sein. Zudem gehören brennende Kerzen in Ständer aus Porzellan, Glas oder Metall, die nicht brennen können.
7. Rauchen Sie niemals im Bett!
8. Offene Kamine müssen regelmäßig vom Schornsteinfeger gecheckt werden. Der schaut nach, ob irgendwo Mörtel abgebröckelt oder ein Ziegel abgeplatzt ist, wodurch Spalten entstehen, durch die Flammen schlagen können.

FEUERFLUCHTPLAN

Sie mögen wirklich alles getan haben, um einem Brand vorzubeugen, aber es gibt kein Gesetz gegen Zufälle wie den vom über seiner Zigarre eingenickten Onkel Paul: Die Gardinen stehen in Flammen, der Sicherungskasten schmilzt. Sie brauchen einen Feuerfluchtplan!

Sie benötigen

ein Blatt Millimeterpapier

Bleistift

klare Prospekthülle

Pins oder Stecknadeln

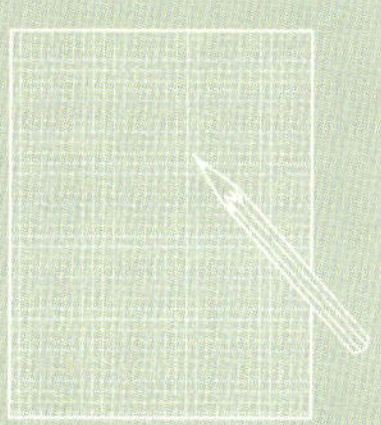

UND SO GEHTS

1. Zeichnen Sie den Grundriss Ihres Hauses Raum für Raum auf Millimeterpapier. Dann skizzieren Sie, wo sich Türen und Fenster befinden, und schreiben die Namen der Räume in deren Umrisse.
2. Schreiben Sie an jede Tür, die nach draußen führt, in großen Lettern das Wort „AUSGANG"!
3. Markieren Sie mit kleinen Kreisen, wo sich im Haus die jeweiligen Rauchmelder befinden.
4. Streifen Sie einmal durch das ganze Haus und überlegen Sie sich, welcher Fluchtweg im Brandfall der schnellste ist. Zeichnen Sie Pfeile in den Grundriss, die sagen, wo's langgeht.
5. Legen Sie einen Treffpunkt im Freien fest – das Nachbarhaus, der Laden an der Ecke usw. –, wo sich alle treffen, die aus dem Haus geflüchtet sind.
6. Sorgen Sie dafür, dass auch wirklich jeder in Ihrem Haushalt den Fluchtplan kennt. Am besten gehen Sie mit allen einmal die Route ab. Außerdem stecken Sie den Fluchtplan in Klarsichthülle und pinnen ihn an irgendeiner Stelle im Haus an, wo man ihn gut sieht – z. B. auf dem Klo oder im Flur. Oder kleben ihn mit Tesa an den Kühlschrank.

URLAUBSMASSNAHMEN

Sicher gehört es nicht zu Ihren Idealvorstellungen, dass sich während Ihres wohlverdienten Urlaubs irgendwelche Penner in Ihren vier Wänden häuslich niederlassen. Damit so ein Albtraum nicht passiert, tarnen Sie Ihr Haus so, als ob Sie's überhaupt nicht verlassen hätten.

UND SO GEHTS

1. Parken Sie das Auto in der Einfahrt – nicht in der Garage.
2. Bitten Sie einen Nachbarn darum, Zeitungen und Post reinzuholen (oder bestellen Sie das Käseblatt für die Zeit Ihrer Abwesenheit ab).
3. Lassen Sie ein oder zwei Lampen brennen, vor allem die Lampe im Eingang. (Noch besser wären Zeitschaltuhren, die den ganzen Tag über zu bestimmten Zeiten automatisch Lampen ein- und ausknipsen.)
4. Vor der Abfahrt noch mal den Rasen mähen und das Laub zusammenfegen. Bei längerer Abwesenheit bitten Sie jemanden, sich um den Garten zu kümmern.
5. Parken Sie einen Hausschlüssel bei einem Nachbarn und geben Sie ihm auch eine Rufnummer für den Notfall, zum Beispiel von Verwandten und Freunden.
6. Um Strom- und Heizkosten zu sparen, sollten Sie den Thermostat einstellen und darauf achten, dass nur die Lampen gemäß Punkt 3 brennen.
7. Wenn Sie eine Warmwassertherme haben, kann die ausgestellt werden: Wieso sollte warmes Wasser im Hause sein, wenn Sie gar nicht daheim sind? Und falls wirklich mal ein Penner durchs Kellerfenster einsteigt, genügt 'ne kalte Dusche!

GEBOTE UND VERBOTE

✗ Drehen Sie die Heizung nicht ganz ab, wenn Sie im Winter verreisen. Bei plötzlich einbrechender Eiszeit könnten nämlich sonst die Wasserrohre frieren und – peng!

REGISTER

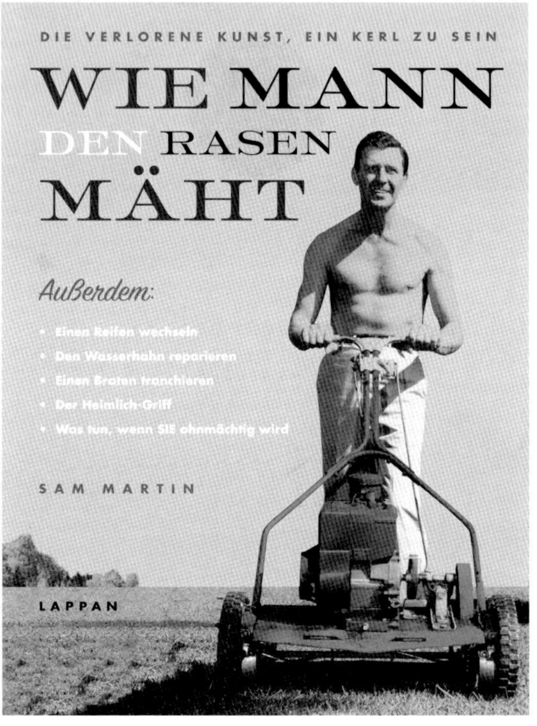

Sam Martin, **Wie Mann den Rasen mäht**, ISBN 3-8303-6078-9

Während der neue Mann immer älter wird, ist es an der Zeit, die verloren gegangene Kunst der männlichen Verlässlichkeit wieder zu entdecken. Vom galanten Umgang mit dem weiblichen Geschlecht über die Rolle des perfekten Gastgebers bis hin zur hohen Kunst des Rasenmähens, Baumpflanzens, Hähnchenzerlegens und Radwechselns – dieses charmante Handbuch enthält alle wichtigen Kniffe, die nötig sind, um aus einem Mann einen Experten zu machen.